Thomas McKenna

Beten mit Vinzenz von Paul

Thomas McKenna

Beten mit Vinzenz von Paul

aus dem Amerikanischen übersetzt
von Maria Neubauer

eos

Umschlagbild: Zeichnung von Sr. M. Gerlinde Kätzler,
Generaloberin der Kongregation der Barmherzigen Schwestern
vom hl. Vinzenz von Paul, Mutterhaus in Zams

Amerikanischer Originaltitel: "Praying with Vincent de Paul",
Saint Mary's Press, Winona (MN), 1994

mail@eos-verlag.de
www.eos-verlag.de

ISBN 978-3-8306-7946-2

Bibliografische Information der Deutschen Bibliothek
Die Deutsche Bibliothek verzeichnet diese Publikation
in der Deutschen Nationalbibliografie;
detaillierte bibliografische Angaben
sind im Internet unter http://dnb.ddb.de abrufbar.

Pustet Druckerei Regensburg
Printed in Germany

Inhalt

Vorwort

Beten mit Vinzenz von Paul

„Beten mit Vinzenz von Paul" ist mehr als nur ein Buch über die Spiritualität des Vinzenz von Paul. Es möchte dich dazu einladen, so zu beten, wie Vinzenz für die Dinge und Themen, die in seinem Leben wichtig waren, gebetet hat. Jede Meditation kann dir seine Spiritualität ein wenig näher bringen und dich inspirieren, über deine eigene Erfahrung nachzudenken.

Das Ziel von *„Beten mit Vinzenz von Paul"* ist, dass du die reiche Spiritualität von Vinzenz entdecken mögest und dass du seinen Geist und seine Weisheit mit deinem eigenen Herzen und mit deinem Geist in deine Beziehung mit Gott und mit deinen Brüdern und Schwestern integrieren mögest.

Vorschläge für das „Beten mit Vinzenz von Paul"

In der folgenden Einführung begegnest du Vinzenz, einem faszinierenden Begleiter für deinen geistlichen Weg. Sie enthält eine kurze Biographie von Vinzenz sowie eine Übersicht über die wichtigsten Themen seiner Spiritualität.

Wenn du ihn kennengelernt hast, wird es dir helfen, mit ihm zu beten und Gott, deinen Schwestern und Brüdern und dir selber auf eine ganz neue, wunderbare Art und Weise zu begegnen. Um dir beim Beten zu helfen, folgen nun einige Vorschläge, die Teil der christlichen Spiritualität und Tradition sind.

Schaffe einen heiligen Ort. Jesus sagt: „Du aber, wenn du betest, geh in deine Kammer, schließ die Tür zu; dann bete zu deinem Vater, der im Verborgenen ist! Dein Vater, der auch das Verborgene sieht, wird es dir vergelten" (Matthäus 6,6). Alleine zu beten gelingt am besten an einem stillen, einsamen Ort, was für vielbeschäftigte Menschen von heute einen kleinen Luxus bedeuten kann. Wenn du keinen stillen, einsamen Ort findest, so schaffe einen ruhigen, sicheren Ort in dir selber, vielleicht, wenn du zur Arbeit oder wieder nach Hause fährst, wenn du beim Zahnarzt im Wartezimmer sitzt oder wenn du auf jemanden wartest. Mach es einfach so gut, wie du kannst, denn du weißt, dass ein liebender Gott überall gegenwärtig ist. Egal, ob du die Meditationen dieses Buches zum Einzelgebet oder in einer Gruppe nutzt, versuche, mit Kerzen, meditativer Musik, einer aufgeschlagenen Bibel oder einem Kreuz eine andächtige Stimmung zu schaffen.

Öffne dich für die Kraft des Gebetes. Jede menschliche Erfahrung hat eine religiöse Dimension. Alles Leben ist durchflutet von Gottes Gegenwart. Denke daran, dass Gott bei dir ist, wenn du deine Gebetszeit beginnst. Mach dir keine Sorgen um etwaige Unterbrechungen. Wenn du immer wieder gestört wirst, sprich mit Gott darüber. Sei flexibel, denn Gottes Geist weht, wo er will.

Gebet kann deinen Geist öffnen und deine Sicht weiten. Sei offen dafür, Gott, die Menschen und dich neu zu sehen. Wenn du dich für Gottes Geist öffnest, können unterschiedliche Emotionen in dir hochkommen, wie z.B. Traurigkeit wegen schmerzhafter Erinnerungen oder Freude über ein Fest, an das du denkst. Unsere Gefühle sind Botschaften von Gott, die uns viel über unsere spirituelle Reise sagen können.

Ebenso stärkt das Gebet unsere Tatkraft. Durch das Gebet kann Gott unseren Willen berühren und uns die Kraft geben, im Einklang mit unserem Glauben zu leben.

Viele der Meditationen werden dich einladen, deine Erinnerungen, deine Vorstellung und deine Lebensumstände ins Gebet aufzunehmen. Die großen Mystiker und Heiligen haben erkannt, dass sie all ihre Ressourcen nutzen mussten, um Gott besser kennen zu lernen.

Gott spricht fortwährend mit uns und berührt uns unaufhörlich. Wir müssen lernen, mit allen Sinnen, die er uns gegeben hat, auf ihn zu hören und ihn zu spüren.

Komm zum Gebet mit einem offenem Geist, mit Herz und Bereitschaft.

Bevor du mit der Meditation beginnst, lies zuerst das ganze Kapitel durch. Wenn du dich dann in Gottes Gegenwart begeben hast, lies zuerst die Texte, vor allem die Reflexionen. In jeder Meditation werden verschiedene Reflexionen angeboten, damit unterschiedliche Menschen sich von den unterschiedlichen Gebetsstilen angesprochen fühlen können. Bitte bedenke, dass jede Meditation mehrere Reflexionen anbietet. Suche dir daher nur eine oder zwei Aktivitäten für jede Meditation aus. Du musst nicht alles auf einmal machen.

Lies langsam. Jede Meditation beginnt mit einer Geschichte über Vinzenz und einem Ausschnitt aus seinen Schriften. Nimm dir Zeit beim Lesen. Wenn dich ein Satz ganz besonders anspricht, bleib bei ihm. Lass ihn auf dich wirken, denke über seine Bedeutung nach.

Nutze die Reflexionen. Nach dem Ausschnitt aus Vinzenz' Schriften folgt ein kurzer Kommentar, um den Zusammenhang besser zu verstehen. Dann bekommst du verschiedene Vorschläge, wie du die Ausschnitte und das Thema des Gebetes meditieren kannst. Vielleicht kennst du die verschiedenen Meditationspraktiken schon, falls nicht, folgt nun eine kurze Beschreibung:

- *Ein kurzes, sich wiederholendes Gebet oder ein Mantra:* ein Mantra oder ein „Gebetswort" zu wiederholen kann dir dabei helfen, dich beim Meditieren zu konzentrieren. Das Mantra kann ein einziges Wort sein oder ein kurzer Satz aus dem jeweiligen Abschnitt oder aus der Bibel. Zum Beispiel lautet ein kurzes Gebet in der ersten Meditation ganz einfach: „Gott lieben". Wenn du dieses Mantra langsam im Rhythmus deines Atems wiederholst, kann es dir helfen, deinen Geist und dein Herz auf einen Aspekt oder eine Eigenschaft Gottes zu konzentrieren.

- *„Lectio divina":* Diese Art von Meditation ist „göttliches Studieren", eine konzentrierte Reflexion des Wortes Gottes oder über die Worte eines spirituellen Autors. Meistens wird dich *„lectio divina"* dazu einladen, einen Abschnitt mehrmals hintereinander zu lesen und dich dann auf ein oder zwei Sätze zu konzentrieren und darüber nachzudenken, welche Bedeutung und welche Auswirkung sie auf dich haben. *„Lectio divina"* endet meist mit der Formulierung eines Vorsatzes.
- *Geführte Meditation:* In dieser Art von Meditation hilft uns unsere Vorstellungskraft, Alternativen und mögliche Konsequenzen zu bedenken. Unsere Vorstellungskraft kann uns dabei helfen, Gott, unsere Nachbarn, uns selber und die Natur neu zu sehen und zu erfahren. Wenn Jesus seinen Nachfolgern Gleichnisse und Geschichten erzählte, nutzte er ihre Vorstellungskraft. In diesem Buch wirst du zu geführten Meditationen eingeladen.

Ein Vorschlag für eine geführte Meditation ist, die Szene oder den Abschnitt ein paar Mal durchzulesen, bis du gut mit ihr/ihm vertraut bist und dich in der Meditation an sie/ihn erinnern kannst. Oder du kannst die Meditation vorher aufnehmen. Dann denke bitte daran, zwischen den Sätzen genügend Pausen zu machen und langsam und ruhig zu sprechen. So kannst du dann, wenn du mit dem Lesen fertig bist, während deiner Gebetszeit die Aufnahme hören und dich durch die Meditation führen lassen. Wenn dich deine eigene Stimme zu sehr ablenkt, könntest du einen Freund oder eine Freundin bitten, die Aufnahme zu erstellen.

- *Gewissenserforschung:* Die Reflexionen werden dich oft einladen, darüber nachzudenken, in welchen Erfahrungen Gott in der Vergangenheit oder auch jetzt zu dir gesprochen hat und spricht – anders gesagt, die Reflexionen werden dich einladen, deine Aufmerksamkeit auf Gottes Gegenwart in deinem Leben zu lenken.
- *Tagebuchschreiben:* Schreiben ist ein Entdeckungsprozess. Wenn du über längere Zeit offen und ehrlich Dinge, die aus deinem Herzen kommen, aufschreibst, wirst du so manches über dich selber erfahren, und darüber, wo du mit Gott stehst, die tiefen Sehnsüchte deiner Seele und vieles mehr. In manchen Reflexionen wirst du eingeladen, einen Dialog mit Jesus oder jemandem anderen aufzuschreiben. Wenn du das Schreiben bisher noch nicht als eine Art der Meditation genutzt hast, lass dich auf einen Versuch ein. Kauf dir ein schönes neues Heft für deine Tagebucheinträge. Wenn du magst, kannst du später immer wieder nachlesen, was du geschrieben hast.

- *Tat:* Manchmal wird in einer Reflexion vorgeschlagen, dass du ein Lieblingslied singst, einen Spaziergang machst oder eine andere körperliche Aktivität. Die Tat, vor allem als Dienst, kann eine bedeutungsvolle Art des Gebetes sein.

Die Meditationen zum Gebet in der Gruppe nutzen

Wenn du die Meditationen zum Gebet in der Gruppe nutzen möchtest, können diese Vorschläge hilfreich sein:

- Lies der Gruppe das Thema vor. Bete das kurze Eröffnungsgebet, um die Gruppe vor Gottes Gegenwart zu bringen. Lade einen oder zwei Teilnehmer ein, eine oder beide Abschnitte zu lesen. Wenn beide Abschnitte gelesen werden, achte darauf, dass dazwischen eine kurze Pause eingelegt wird.
- Der Kommentar kann als Lesung genutzt werden oder er kann ausgelassen werden, je nach den Wünschen oder Interessen der Gruppe.
- Wähle eine der Aktivitäten für die Gruppe aus. Gib der Gruppe genügend Zeit, um nachzudenken, das Gebet oder Mantra zu sprechen, das „göttliche Studieren" *(lectio divina)* oder die Gewissenserforschung abzuschließen. Je nach Gruppe oder der zur Verfügung stehenden Zeit kannst du die einzelnen Gruppenmitglieder

einladen, ihre Reflexionen, Antworten oder Gebete mit der Gruppe zu teilen.

- Die Lesung des Bibeltextes kann als Zusammenfassung der Meditation dienen.
- Wenn ein Gebet oder ein Psalmtext als Abschlusstext vorgegeben ist, kann dies von der ganzen Gruppe gemeinsam gelesen werden. Oder du kannst die Gruppenmitglieder einladen, zum Abschluss ihre eigenen Gebete vorzutragen.

Jetzt kannst du beginnen, mit Vinzenz von Paul, einem treuen und liebevollen Begleiter auf deinem spirituellen Weg, zu beten. Hoffentlich findest du in ihm einen wahren Seelenfreund!

Carl Koch, Redakteur

Anmerkung: Der Autor hat eine moderne Übersetzung vieler Briefe und Dokumente von Vinzenz angefertigt, die in diesem Buch benutzt wurden. Die ursprüngliche Sammlung auf Französisch sind die vierzehn Bände von Pierre Coste, Saint Vincent de Paul: Correspondence, Entretiens, Documents. McKennas Übersetzungen werden im Folgenden als „Documents“ bezeichnet.

Einführung

Die Anziehungskraft von Vinzenz

„Einen Menschen zu lieben bedeutet, das Gesicht Gottes zu sehen." Dieser Text aus der Musical-Version von *Les Misérables* beschreibt recht passend die Spiritualität des Vinzenz von Paul, der zweihundert Jahre, bevor dieser Roman geschrieben wurde, gelebt hat. Vinzenz war ein Seelenführer für Diözesanpriester, ein Bauer, der auch bei Adeligen ein und aus ging, der Vorreiter einer Welle kirchlicher Reformen, ein kreatives Genie im Organisieren sozialer Hilfsprogramme und ein Meisterprediger. Doch vor allem war er ein Mensch, der Gott in den *„Anawim"*, den armen, kranken, verlassenen Ausgestoßenen auf dem Land und in der Stadt gefunden und ihm gedient hat.

Vinzenz brachte Menschen in seinen Projekten zusammen und machte sie zu seinen Mitstreitern. Viele Priester und Laien folgten ihm, und er ging neue Wege, indem er Frauen einlud, den armen und kranken Menschen der Gesellschaft zu helfen. Die Barmherzigen Schwestern lebten und arbeiteten außerhalb von Klöstern, was eine dramatische Veränderung für Ordensfrauen war. Heute folgen weltweit viele Frauen und Männer den Spuren von Vinzenz als

Mitglieder der Congregation of the Mission (Vinzentiner), der Barmherzigen Schwestern, der Vincent de Paul Society (Vinzenz von Paul Gesellschaft), von Gemeindehilfsgemeinschaften und katholischen Wohlfahrtsorganisationen.

Seine Gabe, Dienst und ein tiefgründiges Gebetsleben zu verbinden, ist einer der Hauptgründe, warum Vinzenz sich auch in der heutigen Zeit unter Christen großer Beliebtheit erfreut. Seine Mischung aus Gebet und Tat hat Zehntausende Gläubige in den letzten Jahrhunderten angesprochen. Er ist immer noch ein spiritueller Begleiter für Menschen,

- denen es schwer fällt, Gebet und Meditation mit dem Dienst am Nächsten zu verbinden;
- die spirituell von ihren Taten ausgebrannt sind, anstatt von ihnen genährt zu werden;
- die Gott in den Augen der armen, kranken, obdachlosen, verzweifelten Menschen gesehen haben.

Vinzenz wird ein guter Begleiter sein für jeden, der ein Gleichgewicht von Aktion und Kontemplation sucht, von Verrichten guter Taten und Vertrauen auf göttliche Fügung, von klugem Handeln und vertrauensvoller Hingabe. Sein Leben macht deutlich, dass er dieses Gleichgewicht durch zahlreiche persönliche Erfahrungen gelernt hat.

Das Leben des Vinzenz von Paul

Vinzenz lebte während einer der spirituell und apostolisch fruchtbarsten Zeit der europäischen Geschichte. Als sichtbares Zeichen der Gegenreformation verbündete Vinzenz sich mit einigen herausragenden Persönlichkeiten in Frankreich, die das religiöse Leben des Landes innerhalb von nur einer Generation komplett erneuerten.

Frühes Leben

Vinzenz wurde im Jahr 1581 in eine Bauernfamilie in Pouy, im Südosten Frankreichs, geboren. Wie viele andere Kleinbauern kämpften die Eltern Jean und Bertrande Paul ums Überleben, wobei es ihnen besser als den meisten anderen gelang, Essen für ihre sechs Kinder auf den Tisch zu bringen. Sie fanden sogar die Mittel, um ihren aufgeweckten zweiten Sohn Vinzenz auf die örtliche Schule zu schicken – als Investition in ihre eigene und auch in seine Zukunft.

Vinzenz wurde als Kind geliebt und war seiner Mutter besonders nahe. Er verkörperte die Hoffnung, eines Tages in der Welt erfolgreich zu sein und als Ernährer der Familie zurückzukommen. Ein reicher Städter erkannte das Talent des Jungen und unterstützte ein weiteres Studium. Vinzenz war zwar eifrig, aber auch nicht in übertriebener Weise, vor allem wollte er Priester werden. Im Frankreich des 16. Jahrhunderts war das Priestertum zwar kein schneller, aber ein doch recht häufiger Weg zum Erfolg.

Vinzenz studierte in Toulouse. Obwohl das Konzil von Trient verfügt hatte, dass niemand unter 25 Jahren ordiniert werden dürfte, erhielt Vinzenz seine Priesterweihe schon im Alter von 19 Jahren. Er verschwieg dafür sein wahres Alter und fand einen älteren Bischof, der ihn weihte. Anschließend machte Vinzenz sich unverzüglich auf in die große, weite Welt. Es ist interessant, dass er in seinen späteren Jahren niemals über diese Zeit gesprochen hat.

Zwei geheimnisumwobene Jahre

Um während seines Studiums Geld zu verdienen, leitete Vinzenz ein kleines Internat. Obwohl die Schule erfolgreich zu sein schien, nahmen seine Schulden zu. Trotz vieler Versuche konnte er keine Anstellung bei einer Pfarrei finden.

In dieser Zeit bedachte eine reiche Dame aus Toulouse Vinzenz in ihrem Testament, aber es gab eine Komplikation. Um das Geld zu erben, musste Vinzenz einen Mann verfolgen, der dieser Dame Geld schuldete. Dieser gerissene Schuldner war nach Marseille geflüchtet. Vinzenz war darauf bedacht, das Geld wieder zu beschaffen, mietete sich ein Pferd und machte sich auf den Weg nach Marseille. Unterwegs ging ihm allerdings das Geld aus, und so verkaufte er das geliehene Pferd, um weiterzukommen. Als Vinzenz den Schuldner ausfindig gemacht hatte, ließ er ihn ins Gefängnis werfen und bekam bald darauf sein Erbe. Um bei der Heimfahrt zu sparen, buchte

Vinzenz eine Überfahrt mit dem Schiff über das Mittelmeer in die Gegend Frankreichs, aus der er kam. Was danach, zwischen 1605 und 1607, tatsächlich mit ihm passiert ist, bleibt bis heute reine Spekulation. Vielleicht hat er sich einfach nur vor seinen Gläubigern versteckt, doch zwei Jahre lang war er spurlos verschwunden.

Eine Legende besagt, dass er von Piraten gefangen genommen wurde. Diese Version basiert auf Briefen, die er nach seiner Ankunft in Frankreich einem Wohltäter geschrieben hat. Laut dieser Briefe verkauften ihn die Piraten als Sklaven in Tunis. Zuerst diente er einem Fischer, dann einem Alchimisten-Zauberer und schließlich einem Bauern, in dessen Boot sie gemeinsam flohen. Dieser war ein abtrünniger Christ und wollte wieder zu seinem Glauben zurückkehren. Sie segelten Hunderte von Meilen auf offener See, bis sie in Südfrankreich in Sicherheit waren.

Als die beiden Avignon erreichten, wurde der päpstliche Vizelegat auf den tapferen Retter Vinzenz aufmerksam. In einem Brief schrieb Vinzenz: „Er erweist mir die Ehre … mich wegen ein paar alchemistischer Geheimnisse, die ich ihn lehrte, freundlich zu behandeln …“ (Pierre Coste, *The Life and Works of Saint Vincent de Paul*, Band 1, übersetzt von Joseph Leonard, S. 35). Es scheint, dass er daraufhin den Vizelegaten nach Rom begleitete, aber auch was dort geschah, bleibt ein Geheimnis. Auf jeden Fall taucht Vinzenz wieder in Frankreich auf. Er hatte sich dafür entschieden, sein Glück in Paris zu suchen.

Gegen Ende seines Lebens hatte Vinzenz versucht, diese Briefe zu vernichten, die er ein halbes Jahrhundert vorher geschrieben hatte und die seine legendäre Gefangenschaft beschrieben. Tatsächlich zweifeln moderne Biographen am Wahrheitsgehalt dieser Geschichten und Abenteuer. Zumindest weisen diese vermeintliche Heldentaten auf eine Zeit in Vinzenz' Leben, als Anerkennung ihm wichtiger war als Tugend.

Für Vinzenz war das Priestertum vor allem eine schnelle Möglichkeit zum sozialen Aufstieg. In einem Brief an seine Mutter, den er nach einigen Jahren in Paris geschrieben hat, beschwert er sich über die Unwegsamkeit seines Vorwärtskommens:

> „Der Aufenthalt, der mich noch länger in dieser Stadt hält, um wieder eine Gelegenheit zum Vorwärtskommen zu finden (die mir meine Abenteuer geraubt haben), macht mich betrübt, da ich euch die Dienste nicht erweisen kann, die ich euch schulde. Aber ich setze meine Hoffnung so sehr auf die Gnade Gottes, dass er meine Bemühungen segnen wird und dass er mir bald die Möglichkeit geben wird, mich auf ehrenwerte Weise zur Ruhe zu setzen, um den Rest meiner Tage bei euch zu verbringen."
>
> (*Documents,* Band 1, S. 18)

Vinzenz in Paris

In Paris fand Vinzenz eine Anstellung als Almosenpfleger der ehemaligen Königin Margaretha von Valois. Als er auf ihrem Schloss arbeitete, teilte er sich ein Zimmer mit einem wenig erfolgreichen Rechtsanwalt. Eines Tages lag Vinzenz krank zu Hause und bestellte Medizin bei einem Apotheker. Der Bote brachte die Medizin, plünderte aber nebenbei das Gepäck des Anwalts. Als dieser heimkam und feststellte, dass sein Geld weg war, beschuldigte er Vinzenz. Vor lauter Wut verbreitete der Anwalt das Gerücht, dass man dem Priester nicht vertrauen könne. Diese Anschuldigung nagte schwer an Vinzenz, der daraufhin in eine ärmere Gegend ziehen musste.

Ungefähr zu dieser Zeit kam Vinzenz mit Pierre de Bérulle in Berührung, einem Seelenführer, einflussreichen spirituellen Autor und einer führenden Gestalt der Reformbewegung innerhalb der französischen Kirche. Bérulle wurde später zu einer zentralen Figur der Intrigen zwischen Rom und dem französischen Staatsrat, gründete das Oratorium in Paris und brachte Frankreich die karmelitische Erneuerung. Ihre Beziehung war oft nicht einfach, doch Bérulle sah die Tiefe und Verheißung dieses jungen Priesters, der zu ihm kam und sich von ihm beraten ließ. Vinzenz schätzte Bérulles Weisheit. Bérulles Weisung war es, die Vinzenz' spirituellem Weg eine neue Richtung gab.

Bérulle sorgte dafür, dass Vinzenz die Pfarrei in Clichy, einem kleinen Ort in der Nähe von Paris, übernahm. Hier spürte der junge Priester seinen ersten Erfolg. Die Gemeindemitglieder waren begeistert von seiner Fürsorge. Die Gemeinde blühte auf. In einem Brief an einen Bischof, den Vinzenz in späteren Jahren schrieb, erinnerte er sich:

> „Ich hatte eine Gemeinde mit guten und gehorsamen Menschen, die alles taten, was ich von ihnen verlangte. Wenn ich meinen Pfarrkindern vorschlug, sie sollten an den ersten Sonntagen des Monats zur Beichte gehen, so versäumten sie dies nicht..... und ich konnte mit jedem Tag die Fortschritte verzeichnen, die diese Seelen machten. Das war mir ein großer Trost, und ich war damit so zufrieden, dass ich mir sagte: „Mein Gott, wie glücklich bist du, ein so gutes Volk zu haben“ Und ich fügte hinzu: „Niemand könnte glücklicher sein als ich, nicht einmal Eure Heiligkeit, der Papst.“
>
> (*Documents,* Band 9, S. 646)

Nach einem Jahr in Clichy folgte Vinzenz wieder einem Rat von Bérulle. Ein Vikar übernahm die kleine Gemeinde in Clichy, und Vinzenz wurde Seelsorger und Hauslehrer für die Familie Gondi in Paris. Die Gondis waren eine der großen einflussreichsten Familien der damaligen Zeit, reich und mächtig innerhalb des französischen sozialen, militärischen und sogar religiösen Lebens. Innerhalb kürzester Zeit wurde Vinzenz zu einem einflussreichen Berater der Familie, vor allem von Françoise-Marguerite de Silly,

Madame Gondi. Als er ihr als Vertrauter und Seelenführer diente, entdeckte er seine Lebensaufgabe.

Die Verwandlung beginnt

Vinzenz' Sinneswandel begann während eines Besuches auf den Gütern der Gondis. Als Vinzenz gerufen wurde, um einem todkranken Bauern die Beichte abzunehmen, bestürzte ihn die geistliche Unwissenheit des Mannes. Dieser arme Mensch wusste so gut wie nichts über seine Religion. Als Vinzenz gegangen war, wollte der Sterbende unbedingt noch einmal Madame Gondi sehen, um ihr dafür zu danken, dass er mit so einem heiligen Mann sprechen durfte. Bald darauf legte Madame Gondi Vinzenz nahe, mehr zu tun, um das Evangelium zu verbreiten. Seine Antwort darauf war eine Predigt über die Generalbeichte am 25. Januar 1617, dem Fest der Bekehrung des heiligen Paulus, die er in der Dorfkirche von Folleville hielt.

Diese Predigt und ihre Folgen öffneten Vinzenz die Augen. In der Predigt forderte Vinzenz die Menschen auf, sich die Notwendigkeit der Reue zu Herzen zu nehmen. Die Reaktionen überwältigten ihn. Stundenlang standen die Dorfbewohner Schlange, um bei ihm beichten zu können. Sie erzählten ihm von ihrer Sehnsucht nach dem Evangelium und nach guten Priestern. Vinzenz hatte keine Ahnung von ihrem spirituellen Hunger und Bedürfnissen gehabt.

In späteren Jahren sah Vinzenz in dieser Predigt seine geistliche Umkehr. Er erkannte, dass Gottes

Hand ihn dazu führte, den armen Menschen das Evangelium zu verkünden. Acht Jahre später gründete Vinzenz eine eigene Gemeinschaft der Priester und Brüder – die Congregation der Mission – nach seiner Erfahrung in Folleville. Aber es waren auch andere Einflüsse, die Vinzenz vom ergeizigen Priester zu einem Diener der Armen Gottes umwandelten.

Die Galeeren und die Gemeinschaften der Liebe

Philip de Gondi war der General der Galeeren. Als Befehlshaber der Mittelmeerflotte fühlte er sich verantwortlich für das geistliche Wohlergehen der Gefangenen, die dazu verurteilt waren, die französischen Kriegsschiffe zu rudern. Er bat Vinzenz, sich der Galeerensklaven anzunehmen. Eifrig nahm Vinzenz diese Arbeit auf. Innerhalb eines Jahres war es ihm gelungen, einige Missionsstellen für die Gefangenen zu gründen, und er hatte sich erfolgreich für den Bau menschenwürdigerer Gefängnisse eingesetzt.

Außerdem gründete er eine Hilfsorganisation für die Gefangenen und ihre Familien.

In dem Jahr, bevor Vinzenz angefangen hatte, sich der Gefangenen anzunehmen, hat er auch eine neue Organisation ins Leben gerufen, die noch bis zum heutigen Tag besteht. Als er zeitweise in einer Pfarrei in Chatillon-les-Dombes im Südosten Frankreichs eingesetzt wurde, fiel ihm auf, dass die Gemeindemitglieder großzügig sein konnten, wenn einer ihrer Nachbarn in Not war. Doch diese Großzügigkeit ließ schlagartig nach, wenn die Not länger anhielt. Also organisierte Vinzenz eine Hilfsorganisation, die Gemeinschaft der Liebe, die in der Pfarrei beheimatet war und sich um die längerfristigen Nöte der kranken und armen Gemeindemitglieder kümmerte. Vinzenz setzte Regeln für diese Gemeinschaft auf, und innerhalb kurzer Zeit entstanden diese Gruppen in ganz Frankreich. Diese Gemeinschaften bestehen auch heute noch z.B. in den Gruppen der Barmherzigen Schwestern und wurden im 19. Jahrhundert durch Frédéric Ozanam in der Vinzenzgemeinschaft erneuert.

Schritt für Schritt machte Gott aus Vinzenz einen Menschen des Dienstes und mehr noch, der Liebe, für die er bekannt wurde. Zuerst rief ihn Gott in die ländliche Missionsarbeit, dann zu den Galeerensklaven und schließlich zu allen armen Menschen.

Die Missionsgemeinschaft

Seine Arbeit in Clichy und Chatillon-les-Dombes hatte Vinzenz zur Überzeugung gebracht, dass die Menschen in ländlichen Teilen Frankreichs von der Kirche weitgehend verlassen worden waren. Ehrgeizige Priester, wie auch Vinzenz es gewesen war, zogen scharenweise in die Städte, um dort ihr Glück zu suchen. Seine Auftraggeber, die Familie Gondi, sahen gleichfalls das Problem der entkirchlichten ländlichen Gegenden und wollten das geistliche Leben der Menschen fördern, die auf ihren großen Landgütern arbeiteten und lebten.

Als Madame Gondi sich Gedanken machte, wie man die Menschen auf dem Land erreichen könnte, wandte sie sich an Vinzenz. Und Vinzenz hatte sich auch schon ähnliche Gedanken gemacht. Madame de Gondi bat Vinzenz, eine Missionsgemeinde für die ländliche Bevölkerung zu gründen und zu leiten. Sie stellte einen beachtlichen Geldbetrag zur Gründung dieser Gemeinschaft zur Verfügung und kaufte ein Haus für sie.

Vinzenz scharte eine kleine Gruppe von Missionaren um sich. Im Jahr 1626 verpflichtete sich Vinzenz mit drei weiteren Priestern ...

> „... uns zu verbinden, um für die Arbeit in einer Gemeinschaft zusammenzuleben ... und uns der Rettung der armen Landbevölkerung zu verschreiben."
>
> (Coste, *Life and Works,* Band 1, S. 152).

Damit war die Missionsgemeinschaft geboren. Bald bekam die Gemeinschaft eine Patenturkunde des französischen Thrones und ein paar Jahre später folgte die Genehmigung des Papstes. Weitere Männer schlossen sich Vinzenz und seinen ersten drei Gefährten an und begannen, in ganz Frankreich zu predigen. Noch zu Vinzenz' Lebzeiten hatte sich die Missionsgemeinschaft auf der ganzen Welt verbreitet.

Die Reform der Geistlichen und Saint-Lazare

Einige Jahre lang engagierte sich Vinzenz bei der Reform der französischen Geistlichkeit. An einem drückend heißen Sommernachmittag im Jahr 1628 unternahm er mit Bischof Augustin Potier aus Beauvais eine Kutschenreise. Nachdem sie den verheerenden Zustand der Geistlichkeit beklagt hatten, waren sie sich einig, dass die Reform mit den jungen Männern beginnen müsse – bevor sich die schlechten Gewohnheiten festsetzten. Da hatte der Bischof plötzlich die Idee, dass er die jungen Männer, die zu Priestern geweiht werden sollten, in seinem eigenen Haus aufnehmen würde, um ihnen eine kurze Einweisung in die spirituellen und liturgischen Elemente ihrer Arbeit zu geben. Er bat Vinzenz, dieses Projekt zu organisieren.

Vinzenz setzte ein Programm auf, und veranstaltete mit Priestern aus seiner Gemeinschaft die ersten Exerzitien für die Diakone aus Beauvais. Die Bischöfe und Diakone waren begeistert und inspiriert. Diese Herangehensweise wurde schnell so effektiv und beliebt, dass Vinzenz Schwierigkeiten hatte, Platz für alle Teilnehmer zu finden.

Es war Fügung, dass ein alternder Prior in Paris Vinzenz vorschlug, dass seine Gemeinschaft die Klostergebäude übernehmen und sie als Basis für die Missionsarbeit und Exerzitien nutze solle. So kamen Vinzenz und seine Gemeinschaft im Jahr 1632 nach Saint-Lazare, einem Ortsnamen, der seither eng mit der Gemeinschaft verbunden ist. In vielen Teilen der Welt sind die Mitglieder der Missionsgemeinschaft als Lazaristen bekannt.

Die Gemeinschaft hatte jetzt ein Zuhause für ihre Mitglieder und für die Teilnehmer der Exerzitien. Saint-Lazare mit seinen umfangreichen Baulichkeiten beheimatete schon geistig kranke Menschen, Aussätzige, illegitime Kinder von Adeligen, Priester, die in Schwierigkeiten geraten waren und viele andere bedürftige Arme, für die Vinzenz nun auch die Verantwortung übernahm. In den folgenden Kriegsjahren sollte es zu einem wichtigen Nahrungs- und Kleidungsverteilungszentrum werden. Für die Menschen in Paris war Saint-Lazare ein Synonym für Hilfe für jeden, der in Not geraten war.

Vinzenz' Anliegen, die Geistlichkeit zu reformieren, hörte nicht mit den Exerzitien auf. Mit der Zeit übernahm die Gemeinschaft die Leitung einiger französischer Priesterseminare und bot regelmäßige Fortbildungen für Geistliche an.

Luise von Marillac und die Barmherzigen Schwestern

Vinzenz baute nicht nur eine Gemeinde auf, predigte und organisierte Exerzitien, sondern wurde auch der Seelenführer für immer mehr Menschen. Eine davon wurde wichtig als seine Partnerin im Dienst und als Vorbild für gelebte Barmherzigkeit. Luise von Marillac war verwitwet. Sie suchte nach einer neuen Aufgabe und einem tieferen Sinn in ihrem Glauben und wandte sich an Vinzenz. Zu Beginn beriet Vinzenz sie nur, aber schon bald erkannte er ihr beachtliches Leitungspotential.

Die „Damen der Caritas“, eine Vereinigung von adeligen Frauen, die Vinzenz zusammengeführt hatte, um Armen zu helfen, hatten zunehmend Anhängerinnen gewonnen. Gemeinschaften der Damen der Caritas bildeten sich bald in ganz Frankreich. Mit all seinen Verpflichtungen und Gründungen war es für Vinzenz unmöglich, diese karitativen Gruppen selber zu leiten. So wandte er sich an Luise. Diese Entscheidung war ein göttlicher Segen. Obwohl ihre Gesundheit nicht die beste war, reiste Luise von Marillac von Stadt zu Stadt, wo sie die wachsenden Gemeinschaften besuchte, führte und ermunterte.

Nach einiger Zeit stimmte Vinzenz zu, Leiter des Hotel-Dieu, eines großen Krankenhauses in Paris, zu werden und die Arbeit der Damen der Caritas dort zu konzentrieren. Der soziale Status war jedoch ein Problem, das ihre Arbeit erschwerte. Die meisten der Damen der Caritas waren Adelige, und im Frankreich jener Tage gehörte es sich nicht, dass sie niedere Dienste wie die Krankenpflege verrichteten. Die Damen improvisierten daher und ließen ihre Dienerschaft die schmutzige Arbeit verrichten. Natürlich waren die Bediensteten darüber nicht erfreut, da sie schon mehr als genug tun mussten, und ließen ihren Unmut an den Patienten aus.

Vinzenz und Luise erkannten, dass Frauen der unteren Klasse die Pflege leisten mussten, wenn sie kontinuierlich und mit Liebe getan werden sollte. Zum

Glück fanden sich einige jüngere Frauen aus ländlichen Gegenden bei den karitativen Gemeinschaften ein und wollten helfen. Die erste war ein armes Dorfmädchen namens Margaret Naseau. Diese Frauen hatten zwar nicht die Bildung und die gesellschaftlichen Umgangsformen der oberen Schicht, da sie aber aus der ärmeren Schicht kamen, waren sie bereitwilliger, die notwendige Pflege zu leisten.

Unter der Leitung von Luise traten immer mehr junge Frauen neu in die entstehende Gemeinschaft ein. Im Jahr 1633 nahm Luise einige von ihnen bei sich zu Hause auf, um sie zu auszubilden. Sie wurden der Kern dieser neuen Gemeinschaft, der Barmherzigen Schwestern. Innerhalb einiger weniger Monate hatte sich ihre Zahl vervierfacht. Luise und Vinzenz hatten eine neue Art der religiösen Gemeinschaft gegründet. Jahre später beschrieb Luise in einem Brief an Vinzenz, was er jungen Frauen über die Barmherzigen Schwestern sagen sollte:

> „Du musst den jungen Frauen von Saint-Fergeau, die in die Gemeinschaft der Barmherzigen Schwestern aufgenommen werden wollen, sagen, dass dies kein religiöser Orden ist und auch kein Krankenhaus, wo sie ständig bleiben können, sondern dass die Berufung sie dazu einlädt, die kranken Armen überall zu suchen, egal, wie gerade das Wetter ist.“ *(Luigi Mezzadri, A Short Life of St. Vincent de Paul,* übersetzt *von Thomas Daavitt, S. 63)*

Luise bestimmte, dass die Barmherzigen Schwestern weltlich sein sollten. Sie lebten in Häusern, nicht in Klöstern; ihr Kloster waren die Straßen der Stadt; ihre Klostermauern war ihr Versprechen zu Gott und zu ihrem Dienst. Sie gaben ihr Leben, um die Kranken in ihren Häusern zu besuchen, in Krankenhäusern Dienst zu tun, sich um Gefangene, Waisen, geistig Behinderte und die Obdachlosen von Paris zu kümmern. Sie lehrten die Kinder der Landbevölkerung auch den Katechismus. Die Schwestern legten keine ewigen Gelübde ab, sondern erneuerten ihr Versprechen jedes Jahr.

Luise war die Hauptorganisatorin für die wachsende Gemeinschaft, aber Vinzenz, mit seiner Spiritualität, seinem guten Herzen und seinem gesunden Menschenverstand spielte eine große Rolle in der Ausbildung der Frauen. Aus ihrer wachsenden Freundschaft und Zusammenarbeit machten Vinzenz und Luise etwas Revolutionäres – sie hatten eine Gemeinschaft von Frauen gegründet, die ihren Dienst außerhalb von Klostermauern verrichtete. Nach und nach vermehrten sich die apostolischen Frauengemeinschaften.

Vinzenz glaubte, dass alle Christen verpflichtet sind, die Frohe Botschaft weiterzugeben. Seine Aufnahme von Frauen im aktiven apostolischen Dienst war eine logische Schlussfolgerung seines Glaubens, obwohl viele seiner Zeitgenossen davon nicht gerade begeistert waren, sondern protestierten. Vinzenz stand fast allein da, als er das immense Potential der

Frauen in der Verkündigung von Gottes Wort einsetzen wollte. Vinzenz bezog sie in fast alle seine Unternehmungen mit ein. Reiche Frauen forderte er besonders heraus. Einer seiner berühmtesten Briefe z.B. ist eine herzzerreißende Bitte an diese Frauen, Findelkinder zu retten:

> „Barmherzigkeit und Liebe waren der Grund, warum ihr diese kleinen Wesen als eure eigenen Kinder angenommen habt .... Da ihre leiblichen Mütter sie verlassen haben, wurdet ihr ihre barmherzigen Mütter. Für einen Moment jetzt seid ihr nicht mehr ihre Mütter, sondern ihr werdet zu ihren Richtern. Ihr haltet jetzt die Macht über ihr Leben und ihren Tod in euren Händen. Da es jetzt Zeit für das Urteil ist, müsst ihr entscheiden, ob ihr ihnen Milde zeigen wollt oder nicht. Wenn ihr ihnen weiterhin liebevoll helft zu überleben, werden sie leben. Wenn ihr eure Hilfe zurückzieht, werden sie sicherlich sterben. Ihr kennt die harte Realität und wisst, dass daran kein Zweifel ist."
>
> (*Documents,* Band 13, S. 801)

Vinzenz hörte nicht auf, neue Wege für Frauen aufzubauen, damit sie ihren Anteil an der Mission der Kirche haben konnten. Er hieß sie als Mitarbeiter für die Evangelisation der armen Menschen willkommen.

Die Kriegsopfer

Im Jahr 1639 war die Gegend um Lorraine vom Krieg verwüstet. Soldaten plünderten Bauernhäuser und Dörfer aus und ließen nichts zurück. Vinzenz flehte um Hilfe und sammelte mithilfe der Barmherzigen Schwestern Geld und andere Hilfsmittel ein. Er schickte Mitglieder seiner eigenen Gemeinschaft, um die Hilfsgüter zu verteilen und Linderung zu verschaffen.

Als die französischen Provinzen Picardie und Champagne während des Dreißigjährigen Krieges an den Folgen der Verwüstung durch einfallende Armeen litten, schickte Vinzenz nicht nur materielle Hilfe, sondern auch Barmherzige Schwestern, um den Opfern und Flüchtlingen zu helfen.

Als schließlich in Paris und anderen Teilen Frankreichs ein brutaler Krieg namens Fronde ausbrach, stellte Vinzenz Hilfsprogramme auf und sammelte Almosen. Er versuchte auch, Frieden zu stiften, indem er die Königin bat, ihren umstrittenen Staatsminister, Kardinal Mazarin, zu entlassen. Als die Königin dies nicht tat, ging Vinzenz direkt zu Mazarin und forderte ihn auf, abzutreten. Diese Bemühungen waren allerdings nicht erfolgreich. Mazarin wurde zu einem Gegner und entließ ihn aus dem Ministerrat für kirchliche Angelegenheiten. Doch Vinzenz bemühte sich weiterhin darum, Frieden zu stiften. Dabei fiel sein Pferd eines Tages in einen eiskalten Fluss. Obwohl Vinzenz fast ertrunken wäre, erholte er sich bald wieder und setzte seine anstrengende Reise fort. Als er nach Saint-Lazare zurückkam und sich bereits auf eine dringend nötige Erholung freute, fand er dort hungrige und obdachlose Pariser und Flüchtlinge aus verschiedenen Teilen Frankreichs vor. Irgendwie gelang es Vinzenz und seinen Mitstreitern, den unzähligen Menschen, die sich vor seinen Toren eingefunden hatten, etwas zu essen zu geben und sogar Gottes Fügung inmitten dieses Geschehens zu sehen.

Jansenismus

Das religiöse Leben der damaligen Zeit wurde stark durch eine Bewegung geprägt, die als Jansenismus bekannt wurde. Sie erwuchs aus einer radikalen Auslegung der Theologie des hl. Augustinus und hatte als bekannteste Verfechter Cornelis Jansen und Jean de Hauranne, auch als Abt von Saint-Cyran bekannt.

Vinzenz hatte eine gute Beziehung mit Saint-Cyran und verteidigte ihn sogar gegenüber Kardinal Richelieu, dem Ersten Minister. Aber in späteren Jahren wurden die dogmatischen und asketischen Konsequenzen der Lehre von Saint-Cyran zu einer großen Belastung für ihre Freundschaft. Im Jahr 1641 spitzte sich die Situation zu. Als Mitglied im Ministerrat für kirchliche Angelegenheiten nahm Vinzenz klar gegen die Jansenisten Stellung. Diese hochrangige Komission beriet den französischen Hof bei moralischen und religiösen Fragen.

Nach dieser Zeit sprach sich Vinzenz öffentlich gegen den Jansenismus aus, er unterstützte die Theologen, die gegen ihn waren und rief sogar eine Gruppe von Bischöfen in Sainz-Lazare zusammen, um den von Jansenisten angestifteten Auseinandersetzungen ein Ende zu setzen.

Der Hauptgrund von Vinzenz' Bedenken gegen den Jansenismus war seelsorgerlicher Natur. Saint-Cyran vertrat eine elitäre Sicht der biblischen Botschaft. Er behauptete, dass Jesus nicht für alle Männer und Frauen gestorben war, und er vertrat kaum verwirklichbare spirituelle Maßstäbe als heilsnotwendig. Aus der Sicht Saint-Cyrans konnten nur wenige, möglicherweise sogar niemand von Vinzenz' armen Menschen als echte Christen angesehen werden. Obwohl Vinzenz der Widerstand gegen den Jansenismus einige reiche Unterstützer seiner Projekte kostete, blieb er standhaft in seiner Überzeugung, dass Jansenismus spirituelles Gift sei.

In die ganze Welt hinausgehen

Bis zum Jahr 1643 hatte die Missionsgemeinschaft ein Haus in Rom aufgebaut. Kurz danach schickte Vinzenz Mitglieder seiner Gemeinschaft nach Genua, Turin und Perugia. Auf Bitten des Vatikans wurden Priester auch nach Irland ausgesandt. Andere Missionare gingen nach Schottland. Als die polnische Königin Luisa Maria von Gonzaga, eine ehemalige Dame der Caritas, Vinzenz bat, Mitglieder seiner Gemeinschaft zu schicken, sagte er erneut zu. Diesmal begleiteten die Barmherzigen Schwestern die Priester und gründeten die erste Gemeinschaft außerhalb Frankreichs. Am Ende seines Lebens gab es Missionsgemeinschaften in Tunesien, Algerien und sogar in Madagaskar.

Die letzten Tage des Vinzenz von Paul

Vinzenz arbeitete bis weit über sein 70. Lebensjahr hinaus. Da die Mitglieder seiner Gemeinschaft in Frankreich und später auf der ganzen Welt verstreut waren, unterhielt er eine enorme Korrespondenz. Vinzenz schrieb zu seinen Lebzeiten mehr als 30.000 Briefe. Ein steter Strom von Besuchern kam nach Saint-Lazare, um ihn um Rat zu fragen. Eine wachsende Gebrechlichkeit zwang Vinzenz dazu, eine Kutsche benutzen, um Waisenhäuser und andere Standorte seiner Projekte zu besuchen, obwohl dieser „Luxus" ihn beschämte.

Im März 1660 starb Luise von Marillac, seine gute Freundin und großzügige Mitstreiterin. In den letzten Monaten, die ihm verblieben, nahm seine Gesundheit stetig ab. Viele Jahre lang hatte er immer wieder an Fieber gelitten und nun hatte er schmerzhafte Geschwüre an den Beinen. Trotzdem schrieb er weiterhin zahlreiche Briefe und hielt sogar einige Konferenzen. Im September 1660 wusste Vinzenz, dass ihm sein Tod bevorstand. Am 26. September nahm er das letzte Mal an einer Eucharistiefeier teil und empfing die heilige Kommunion. In den frühen Morgenstunden des nächsten Tages verstarb Vinzenz. Er wurde 80 Jahre alt.

Ganz Frankreich trauerte um Vinzenz. Bei seiner Beerdigung sagte der Prediger, dass Vinzenz das Bild der französischen Kirche verändert hatte. Niemand widersprach. Der lustige, charmante, leidenschaftliche und offene Vinzenz hatte eine außergewöhnliche Gabe gehabt, mit den unterschiedlichsten Menschen in Verbindung zu treten und sie dazu zu bewegen, ihren notleidenden Mitmenschen zu helfen. Während seines Lebens sorgte Vinzenz dafür, dass Tausende hungriger Menschen zu essen bekamen, Gefangene besucht, Geistliche unterrichtet, Nackte bekleidet, Kranke und Waisen versorgt wurden. Seine Botschaft war schlicht, nämlich dass die Frohe Botschaft auch den armen Menschen verkündet werden sollte. In seinem Leben hatte Vinzenz diese Botschaft gelebt.

Beten mit Vinzenz von Paul

In all den praktischen Entscheidungen, die Vinzenz während seines Lebens traf, bewegte er sich äußerlich auf seine Brüder und Schwestern und innerlich auf Gott zu. Seine integrative Spiritualität kann nicht wirklich beschrieben werden, aber ein paar Merkmale können hervorgehoben werden.

Nachfolger Jesu, Missionar für die Armen

Vinzenz war von Jesus fasziniert. In jeder Lebenslage war sein Motto: was würde Jesus tun? Vor allem die Szene in der Synagoge in Nazareth, als Jesus erklärte, dass es seine Berufung war, die Frohe Botschaft den Armen zu bringen, berührte Vinzenz. In seinen Konferenzen und Briefen erinnerte er seine Nachfolger oft daran, wie glücklich sie sich schätzen dürfen, dass sie genau das taten, wozu Jesus Christus selber gekommen war.

Vinzenz drückte seine Liebe zu Gott im Gebet aus, aber auch sein Dienst prägte und gestaltete das Gebet. Es war seine Auffassung, dass Gebet und Tat Hand in Hand gehen.

Liebe zu Gott und Vertrauen auf seine Fürsorge

Es war vor allem Vinzenz' innige Liebe für seine Mutter, die ihn den Reichtum von Jesu Worten erkennen ließ, dass nämlich sein himmlischer Vater liebenswürdig und gütig ist. Vinzenz' Bejahung von Gottes elterlicher Liebe machte ihn selber zu einem anziehenden und glaubwürdigen Missionar. Eine seiner größten Leistungen war es, den Armen seiner Zeit Gottes Liebe glaubwürdig zu vermitteln.

Vinzenz wiederum vertraute diesem liebenden Gott. Er spornte seine Nachfolger an, Gott genauso zu vertrauen und sich bewusst zu sein, dass die Arbeit, die sie leisteten, tatsächlich Gottes Arbeit war.

Warmherzige und praktische Liebe für die Armen

Das besondere Interesse des Vinzenz von Paul galt den vernachlässigten Menschen. Sie waren für ihn das Fenster, durch das er Gottes Taten in der Welt sah. Sie waren „heiliger Boden". Immer wieder lehrte Vinzenz, dass Jesus unter den armen und ausgestoßenen Menschen lebte. Vinzenz' Liebe nahm auch praktische Formen an. Er betonte oft, dass Liebe in Wort und Tat gelebt werden muss.

Vinzenz hatte eine besondere Gabe, Menschen für die Mission zu begeistern und dann ihren längerfristigen Dienst aufzubauen. Jesu Mission gehört allen Christen, und Vinzenz half Menschen, ein Teil dieser Mission zu werden.

Gewohnheiten und Disziplin

Vinzenz hatte wenig Geduld mit leerer Begeisterung. Die Liebe, die er predigte, musste in konkrete Taten umgesetzt werden. Vinzenz bestand darauf, dass diejenigen, die sich einsetzen und missionieren wollten, zuerst in ihrem Verhalten gute Gewohnheiten entwickeln mussten.

Denn wenn diese Apostel des Vinzenz wirksam dienen wollten, mussten sie auch bestimmte Fähigkeiten und Charakterzüge besitzen. Arme und an den Rand gedrängte Menschen, die das Leben Misstrauen gelehrt hatte, würden niemandem glauben, der nicht authentisch war. Die Erfüllung von Jesu Mission erforderte Charakter, harte Arbeit, Einfühlungsvermögen, Zuhören und Loslassen.

Vinzenz von Paul für die heutige Zeit

Viele Jahre nach Vinzenz' Tod brach während eines Volksaufstandes eine randalierende Meute in das Pantheon in Paris ein und zerstörte alle religiösen Statuen außer einer. Obwohl sie darauf aus waren, alles Symbole eines unterdrückenden Christentums zu zerstören, konnten sie es nicht übers Herz bringen, das Bildnis des Monsieur Vincent zu verunstalten. Er hatte in seinem Leben zu viel Gutes getan, zu vielen ihrer Vorfahren geholfen, zu leidenschaftlich über die Würde des Menschen gesprochen, als dass sie sein Denkmal vernichten konnten.

Beten mit Vinzenz erinnert uns daran, dass der Dienst an unserem Nächsten der Dienst an Gott ist. Vinzenz ist für uns ein Vorbild für die Fülle eines christlichen Lebens, das im Gebet aktiv und in der Tat andächtig ist.

Erste Meditation

Gott, unser liebender Vater, unsere liebende Mutter

Thema

Vinzenz wusste sich von Gottes Barmherzigkeit und Liebe getragen.

Eröffnungsgebet

Starker und zärtlicher Gott, hilf mir, deine Fürsorge für mich zu spüren und mich in deinen Händen geborgen zu fühlen.

Aus dem Leben des Vinzenz von Paul

In seinen letzten Lebensjahren wütete in Frankreich ein religiöser Sturm. Die geistliche Bewegung „Jansenismus" war das Auge des Sturms. Jansenismus polarisierte die Menschen der politischen und kirchlichen Macht. Da Vinzenz zu dieser Zeit bereits im ganzen Land an der Kirchenreform beteiligt war, konnte er sich aus diesem Thema nicht heraushalten. Zu einer besonders schwierigen Zeit sagte er vor Gericht zu Gunsten eines Freundes aus, des Abtes von Saint-Cyran, einem Jansenistenführer, der von Kardinal Richelieus Regierung angegriffen wurde.

Ein paar Jahre später jedoch begann Vinzenz, sich von der jansenistischen Spiritualität abzuwenden. Die Schriften des Abtes hatten einen zunehmend unbarmherzigen Ton angenommen. Der frühere Freund predigte jetzt einen hartherzigen, furchteinflößenden und richtenden Gott, der feindselig auf sündige Menschen herabschaut. Jansenisten wie der Abt waren der Meinung, dass der Mensch aufgrund seiner Erbsünde von Natur aus schlecht war. Vinzenz konnte sich einen solchen unnachsichtigen und schrecklichen Gott nicht vorstellen. Seit seiner Kindheit hatte er zum barmherzigen, gnädigen und liebenden Vater von Jesus gebetet, zu Abba, der all seine Kinder innigst liebt. Vinzenz ruhte in Gottes elterlicher Liebe und und wärmte sich in diesem Schutzmantel.

Vinzenz sah über manche politischen Missstände hinweg, aber bei religiösen Verirrungen konnte er nicht schweigen. Alles in ihm sträubte sich dagegen, den armen und leidenden Menschen solch einen furchteinflössenden Gott aufzuladen. In seinen Augen war Barmherzigkeit der Name Gottes.

Vinzenz bestritt daher die Sichtweise der Jansenisten nicht nur öffentlich, sondern auch in seiner Seelsorge. Als sich einer seiner Briefpartner nach dem Tod der Eltern in einer schwierigen Phase befand, schrieb Vinzenz ihm folgende Worte:

> „Sicherlich ist es das größte Geheimnis des spirituellen Lebens, alles, was wir lieben, für ihn aufzugeben, indem wir uns Gott überlassen im

Vertrauen darauf, dass alles zum Besten wird. Er nimmt nun den Platz von Vater und Mutter für dich ein. Er wird dein Trost sein, deine Tugend und am Ende die Belohnung deiner Liebe."

(*Documents,* Band 8, Seiten 255-256)

Im Gegensatz zum zunehmend populären jansenistischen Gottesbild war der Gott des Vinzenz Abba – liebender Vater, liebende Mutter.

Halte inne

Denke über folgende Frage nach: Wenn ich bete, spüre ich, dass ein liebender Gott-Vater mich in seine Arme nimmt und ich bei ihm geborgen bin?

Worte des Vinzenz

In einem Gespräch wenige Monate vor seinem Tod offenbarte Vinzenz, was ihm in seinem Leben am meisten Halt gegeben hatte. Er sagte:

„Sich Gott überlassen, alles Gute und alle Kraft für Gott verbrauchen. Das ist es, was unser Herr Jesus selbst getan hat, er war erfüllt von der Liebe dieses Vaters." (*Documents,* Band 13, Seite 179)

Ein anderes Mal quälte Luise von Marillac der Gedanke, dass sie Gottes Willen untreu wurde, weil sie nicht all das erfüllen konnte, was sie sich vorgenommen hatte. Vinzenz erinnerte sie:

„Mach dir keine Sorgen, wenn du nicht alles schaffst. Gott ist Liebe, und er möchte, dass wir in der Liebe zu ihm wachsen. Fühl dich also nicht verpflichtet, all deine guten Vorsätze erfüllen zu müssen."

(Coste, *Life and Works,* Band 3, Seite 365)

Reflexion

Vinzenz' erstaunliche Leistungen verlangten ihm ein ungeheures Tempo ab. Dennoch staunten seine Zeitgenossen über seine Ruhe und seine Zuversicht. Selbst inmitten von chaotischen Umständen, wenn er hautnah mit hoffnungslos armen und kranken Menschen arbeitete, blieb Vinzenz ruhig und friedlich.

Wenn Vinzenz die Evangelien las, fand er großen Trost in der Beziehung zwischen Jesus und Abba. Jesus, der Sohn, kann heilen und verzeihen, weil er sich in Gottes, seines liebenden Vaters, liebendem Blick sonnt. Um wirklich gut und heilig zu sein, sollte sich jede menschliche Tat diese liebende Verbundenheit von Jesus und seinem Abba-Vater zum Vorbild nehmen. Vinzenz hatte diese Lektion gut gelernt.

Auch die armen Menschen, mit denen er arbeitete, brachten ihm Gottes beständige Liebe nahe. Im Kleinen und im Großen verkörperten sie Gottes grenzenlose und barmherzige Liebe. Vinzenz wusste, dass er sich auf Gottes Fürsorge verlassen konnte, wenn er „unmögliche" Aufgaben übernahm oder wenn sein eigenes Licht ihn verließ. Der Glaube an Gottes unerschöpfliche Zärtlichkeit nährte Vinzenz' Resillienz.

Stelle dir deine eigenen Gottesbilder vor, wenn du über folgende Fragen nachdenkst:

- Welches Gottesbild siehst du innerlich, wenn du betest?
- Hast du das Gefühl, dass du die richtigen Worte wählen oder bestimmte Themen vermeiden musst, wenn du mit Gott sprichst?
- Ertappst du dich manchmal dabei, wie du zu einem strengen, leidenschaftslosen Gott betest? Wenn ja, kannst du dich an eine bestimmte Situation erinnern und warum du dir Gott so vorgestellt hast?
- Hörst du dich manchmal zu einem liebenden, barmherzigen Gott beten? Wenn ja, was waren die Umstände für diese Erfahrung? Wie hast du dich während dieser Gebetszeit gefühlt?
- Um dein Bild eines liebenden Gottes innerlich zu stärken, könntest du folgende Bibelstellen lesen und über sie nachdenken: Psalm 23,1; 121,5; Jesaja 40,10-11, Matthäus 6,8-15; 11,25-27; Lukas 11,13; Johannes 1,1; 1 Johannesbrief 4,8.

Bete folgende Worte von Vinzenz langsam und wiederhole sie, denke über ihre Bedeutung für dich nach: Gott ist mein „Trost, ... mein Heil.... die Belohnung für ... Liebe".

Denke an eine Situation, in der du dich derzeit außer Kontrolle und durcheinander fühlst. Wer ist da?

Was passiert? Wie fühlst du dich? Dann stelle dir Gott an deiner Seite vor.

Bitte Gott um die Gnade, die du brauchst, um mit dieser Situation umzugehen. Was sagt dir Gott über diese Situation? Höre zu. Dann wiederhole im Stillen dieses Gebet aus Psalm 62,3: „Er allein ist mein Fels und meine Rettung, meine Burg, ich werde niemals wanken."

Erinnere dich an eine Zeit, als dir die Ahnung von Gottes Gegenwart geholfen hat, inmitten von Chaos und Leiden ruhig und sicher zu bleiben. Stelle dir diese Situation noch einmal vor. Wie hast du Gottes Schutz gespürt? Wie hast du dich gefühlt? War da eine Person, die Zuversicht ausgestrahlt hat und dir Beistand und Sicherheit gegeben hat? Danke Gott für die Gelassenheit und Stärke, die er dir gegeben hat.

▸ In der folgenden geführten Meditation wirst du eingeladen, Jesus zu begegnen:

Schließe deine Augen... Entspanne dich... Lass alle Spannung los... Atme tief ein und aus... ein und aus... Spüre, wie alle Spannung aus deinen Füßen geht.... Wenn es dir hilft, spanne deine Muskeln an und dann lass die Spannung los ... jetzt deine Beine ...

Entspanne deinen Bauch und deine Brust ... Lass jetzt alle Spannung aus deinen Armen, deinem Hals ... Erlaube deinem Kiefer und deinem Gesicht zu entspannen... atme langsamer... höre, wie der Atem des Lebens langsam ein und wieder aus fließt...

Du stehst jetzt auf einem Hügel mit Blick auf Jerusalem ... Jesus und seine Jünger gehen an dir vorbei ... Oben auf dem Hügel bleibt Jesus stehen und schaut runter auf die Stadt ... Du siehst sein schmerzverzerrtes Gesicht und hörst, wie er flüstert: „Jerusalem, Jerusalem, wie sehr habe ich mich danach gesehnt, dich in meine Arme zu nehmen wie ein Vogel seine Jungen unter seine Flügel nimmt ...“

... Er sieht dich neben sich stehen.... er streckt dir seine Arme entgegen, du gehst auf ihn zu, er nimmt dich in seine Arme ... geborgen in seiner Umarmung sagst du ihm, was du auf dem Herzen hast ...

Wenn du ihm alles erzählt hast, lässt er dich wieder los. Jesus schaut noch einmal in deine Augen ... und macht sich dann weiter auf den Weg nach Jerusalem.... du schaust ihm nach, siehst, wie er den Hügel hinunter geht....

Wenn du bereit bist, komm zurück aus dieser Szene und öffne deine Augen.

Danach möchtest du vielleicht in dein Tagebuch schreiben, wie es dir mit dieser Meditation ergangen ist.

Stell dir vor, dass Johannes der Täufer gerade warmes Wasser aus dem Jordan über dich gegossen hat. Wiederhole diese Bibelworte als Gebet göttlicher

Zusage: „Ich bin Gottes geliebtes Kind.“ Stehe am Flussufer und lass die Bedeutung dieser Worte dich durchströmen.

Gottes Wort

> Kann denn eine Frau ihr Kindlein vergessen, ohne Erbarmen sein gegenüber ihrem leiblichen Sohn? Und selbst wenn sie ihn vergisst: Ich vergesse dich nicht. Sieh her, ich habe dich eingezeichnet in meine Hände...
>
> (Jesaja 49,15-16)

Schlussgebet

Du liebender Gott, umgib mich mit deiner Barmherzigkeit und Liebe. Lass mich die Sicherheit deiner Hand spüren, vor allem dann, wenn ich mich in tausend Richtungen verstreut fühle. Lass mich die Tiefe deiner Fürsorge für mich und für alle deine Menschenkinder spüren.

Zweite Meditation
Gottes Willen tun

Thema

Vinzenz betete darum, dass seine Anliegen und seine Taten mit der Zeit immer mehr mit Gottes Wünschen übereinstimmen würden. Er wusste, dass darin der Weg zu einem erfüllten Leben liegt.

Eröffnungsgebet

Fürsorglicher Gott, ich lege all meine Gedanken und Impulse, meine Vorurteile und meine Ansichten, meine Taten und mein Warten, meine Pläne und meine Verwirrung in deine Hände. Führe mich auf deinem Weg.

Aus dem Leben des Vinzenz von Paul

Eines Nachmittags gegen Ende seines Lebens war Vinzenz mit einigen seiner besten Freunde zusammen. So, wie Menschen es manchmal tun, wenn sie spüren, dass ihre Zeit zu Ende geht, begann Vinzenz darüber zu sprechen, was für ihn am wichtigsten gewesen war. Er sprach nicht über ein besonders erfolgreiches Projekt oder über Menschen, die er geliebt hatte und die ihn liebten, nicht einmal über seine geliebten Armen. Nein, er sprach zu seinen Freunden über die liebenden Hände Gottes, die ihn geführt hatten, über seinen inneren Stern, der ihn in all den hektischen Jahren geleitet hatte. Gebückt und alt wie er war, sagte er: „Wir sollten uns Gott überlassen und uns für ihn erschöpfen" (*Documents*, Band 11, S. 402).

Alles, sagte er, dreht sich darum, Gottes Willen zu tun. Er fuhr fort:

> „Und ich selber, alt und gebrechlich wie ich bin, sollte nicht aufhören, offen für Gott zu sein, ja, sogar zu den Westindischen Inseln aufbrechen, um Seelen für Christus zu gewinnen, selbst, wenn ich unterwegs auf dem Schiff sterben sollte."
>
> (*Documents*, Band 11, S. 402)

Seine Zuhörer waren von seinen Worten nicht wirklich überrascht. Solange sie zurückdenken konnten, wollte Vinzenz Gottes Willen tun. Ein paar der Älteren konnten sich noch an den heißen Sommertag vor fast fünfzig Jahren erinnern, als ein junger Monsieur Vincent sie bei einer besonderen Wallfahrt auf den Montmartre in Paris führte. Als sie die Kirche auf dem Hügel erreicht hatten, ließ er sie alle niederknien. Dann betete er in ihrem Namen „für die Gnade, nichts außer Gott zu haben und alles für Gott zu tun" (Mezzadri, *Short Life,* S. 29). Und in all den Jahren seit diesem Tag in Montmartre war der Wille Gottes immer Vinzenz' Leuchtfeuer, sein innerer Kompass gewesen.

Halte inne

Frage dich: Wenn ich in den letzten Tagen eine Entscheidung zu treffen hatte, habe ich vorher innegehalten und gefragt, was Gottes Wille für mich ist?

Worte des Vinzenz

Im einzigen systematischen Werk, das Vinzenz geschrieben hat, einer Lebensregel für Priester, gab er diesen Rat:

> „Ein Christ kann schnell in Heiligkeit wachsen, wenn er sich bewusst entscheidet, immer und überall Gottes Willen zu tun... Jeder sollte so offen sein für Gottes Willen, den Christus und die Heiligen vorsichtig entwickelt haben. Das bedeutet, dass wir keinem Dienst, Menschen oder Ort den Vorzug geben sollten, vor allem nicht unserer Heimat.
>
> Wir sollten sogar bereit sein, all das bereitwillig zu verlassen."
>
> (*Constitutions*, S. 108, 112)

Als er zehn Jahre zuvor einen verunsicherten Missionar ermutigen wollte, seinen wahren Weg im Leben zu finden, schrieb Vinzenz:

> „Lass uns Gott bitten, dass alles in Übereinstimmung mit seiner Führung getan wird, dass unser Wille dem seinen unterworfen ist, sodass es

nur einen Willen gibt, der es uns erlaubt, uns seiner einzigartigen Liebe in Ewigkeit zu erfreuen."

(*Documents*, Band 2, S. 469)

Reflexion

Eine Spiritualität, die sich nur selten in der Tat wiederspiegelt, kann angezweifelt werden. Andererseits kann reiner Aktivismus aus Zwanghaftigkeit heraus geschehen.

Vinzenz nahm ein schwieriges Projekt nach dem anderen an und ging dabei selber oft an seine eigenen Grenzen. Aber er prüfte jedes Projekt, um sicher zu sein, dass es Gottes Wille war. Reiner Aktivismus war nicht sein Anliegen.

Vinzenz las die Evangelien, er fragte um Rat, und er bat um Gottes Licht und Kraft. Dann begann er zu handeln, in der Gewissheit, dass er sein Bestes getan hatte, um Gottes Willen umzusetzen.

- Denke an eine Situation, als du Gottes Wirken ganz klar in dir gespürt hast. Wer war dabei? Was hast du gemacht? Wie hast du dich gefühlt? Sprich mit Gott über diese gemeinsame Zeit.
- Wiederhole folgende Worte Jesu und bete langsam: „Meine Speise ist es, den Willen dessen zu tun, der mich gesandt hat, und sein Werk zu vollenden." (Johannes 4,34)
- Als Vinzenz ein alter Mann war, sagte er, dass er offen sei, Gottes Willen zu tun, auch wenn das bedeuten würde, dass er zu den Westindischen

Inseln fahren sollte und an Bord sterben würde. Offen für Gottes Willen zu sein, kann bedeuten, lieb gewordene Glaubenssätze oder Besitz zu opfern. Vervollständige folgenden Satz von Vinzenz. Denke an verschiedene Dinge, die du nur schwer loslassen könntest, wenn du das Gefühl hättest, dass Gott dich in eine neue Richtung führen möchte: „So wie ich bin, bin ich offen für Gottes Willen, auch wenn ich ...."

Bete für die nötige Gnade, um bedingungslos Ja zu Gottes Willen zu sagen.

- Meistens ist es leichter, Gottes Willen im Nachhinein zu erkennen. Aber als Christ zu leben fordert uns manchmal zu Entscheidungen auf und dazu, Gottes Willen zu tun. Schreibe einige Entscheidungen auf, die bei dir anstehen. Dann vertraue eine davon dem Gebet am.
- Bitte Gott zuerst mit den Worten des hl. Paulus an die Epheser (1, 3, 8-9) um Hilfe: Gepriesen sei der Gott und Vater unseres Herrn Jesus Christus. In aller Weisheit und Klugheit hast du uns das Geheimnis deines Willens wissen lassen durch Jesus, deinen Sohn. Lass mich deinen Willen wissen, damit ich auch leben kann wie Jesus gelebt hat.
- Suche in den Evangelien nach Stellen, die Gottes Licht auf deine Entscheidungen werfen könnten. Vertraue darauf, dass der Heilige Geist dich führt. Meditiere darüber, was dir durch die Schrift offenbart wird.

- Wenn du einen weisen Freund oder eine weise Freundin hast, teile deine Fragen oder deine Gedanken mit ihm oder mit ihr. Bitte ihn oder sie um Hilfe bei deinen Entscheidungen.
- Lege deine Entscheidungen vor Gott. Bitte um das Licht des Heiligen Geistes, damit du Gottes Willen erkennen kannst, und auch für den Mut, danach zu handeln.
- Thomas Merton, einer der größten spirituellen Denker des 20. Jahrhunderts, sprach darüber, aus der „falschen Mitte“ oder aus der „wahren Mitte“ heraus etwas zu tun. Unsere falsche Mitte ist voller oberflächlicher Verlangen und oftmals falscher und zu hoher Erwartungen. Unsere wahre Mitte ist unser Innerstes, wo Gott wohnt und mit uns spricht. Wenn wir aus unserer falschen Mitte heraus etwas tun, führt das oft zu innerer Unruhe, Disharmonie, Unvollständigkeit. Wenn wir aus unserer wahren Mitte heraus handeln, führt es zu Einsicht, Bestätigung und Fülle. Denke nach. Wann hast du etwas aus deiner falschen Mitte heraus getan? Warum hast du das getan? Was waren die Folgen? Versuche dich an Situationen zu erinnern, in denen Gottes Wille der Grund für deine Taten war. Wie hast du dich gefühlt? Was waren die Ergebnisse? Sprich mit Gott darüber, wie du manchmal in der falschen Mitte gefangen bist und über die Gnade, die du brauchst, um öfter aus deiner wahren Mitte heraus zu handeln.

- Lies langsam die Verkündigungsgeschichte im Lukasevangelium (Lukas 1,26-36). Wenn du sie ein- oder zweimal gelesen hast, schließe deine Augen. Stell dir vor, du bist im gleichen Raum wie Maria und du schaust ihr zu, wie sie einwilligt, die Mutter von Emmanuel, Gott-mit-uns, zu werden. Wie sieht sie aus? Wie reagiert sie? Höre, wie sie sagt: „Siehe, ich bin die Magd des Herrn; mir geschehe, wie du es gesagt hast."
- Denke jetzt an eine schwierige Situation mit Menschen, mit denen dir eine Zusammenarbeit widerstrebt. Da du weißt, dass Gottes Wille für dich ein Leben voller Nächstenliebe ist, bringe diese Situation oder die Menschen mit den Worten Marias: „Siehe, ich bin die Magd/der Diener des Herrn" im Gebet zu Gott.

Gottes Wort

Ich bin das Brot des Lebens; wer zu mir kommt, wird nie mehr hungern, und wer an mich glaubt, wird nie mehr Durst haben. Aber ich habe euch gesagt: Ihr habt gesehen und doch glaubt ihr nicht. Alles, was der Vater mir gibt, wird zu mir kommen, und wer zu mir kommt, den werde ich nicht abweisen; denn ich bin nicht vom Himmel herabgekommen, um meinen Willen zu tun, sondern den Willen dessen, der mich gesandt hat. Das aber ist der Wille dessen, der mich gesandt hat, dass ich keinen von denen, die er mir gegeben hat, zugrunde gehen lasse, sondern dass ich sie auferwecke um Jüngsten Tage.

(Johannes 6,35-40)

Schlussgebet

Liebender Gott, gib mir die Gnade, von nun an in der Glückseligkeit der Heiligen im Himmel zu leben, was bedeutet, mit Gott selbst eins zu sein, im Wollen und im Nicht-Wollen.

(*Documents*, Band 10, S. 285-286)

Dritte Meditation
Jesus Christus, die Mitte

Thema

Wahre Heiligkeit bedeutete für Vinzenz, dass alle seine Entscheidungen, Pläne, Anstrengungen und Taten sich um die Person Jesus Christus drehen mussten.

Eröffnungsgebet

Jesus, sei mein Licht und mein Leben. Lass meine Augen wie die Augen deines Dieners sein, der sich immer an deine Gebote halten will.

Aus dem Leben des Vinzenz von Paul

Eines Tages, als er in Erzähllaune war, öffnete sich Vinzenz ein paar Freunden gegenüber und offenbarte seinen Seelenzustand. Er fühlte sich gesegnet und ganz besonders glücklich, weil er tat, was Jesus getan hatte. Er sagte seinen Freunden:

> „Den Armen Gott näher zu bringen, ihnen zu sagen, dass das Reich Gottes nahe ist und dass es für Armen ist – oh wie wunderbar, es ist so großartig, den Armen die Frohe Botschaft zu bringen."
> (*Documents*, Band 12, S. 80)

Seine eigene Beziehung zu Jesus Christus hatte sich in drei Stufen entwickelt. Als er ein Junge war, gaben seine Eltern ihren Glauben an Jesus an ihn weiter. Vinzenz glaubte, aber nicht genug, um Berge versetzen zu können. Die zweite Stufe fand in seinen zwanziger Jahren statt. Eine Reihe von persönlichen Niederlagen und gute spirituelle Weisung veranlassten Vinzenz, tiefer in sich hineinzuschauen. Nur Vinzenz und Gott wissen, was genau geschah, als die Begegnung mit Jesus ihn so sehr berührte, dass er sein Leben von Grund auf änderte.

Als er sich schließlich immer mehr der armen Bevölkerung auf dem Land und in Paris annahm, entdeckte Vinzenz im Antlitz dieser armen Seelen Jesus Christus. Immer mehr drehte sich von nun an das Leben von Vinzenz um die Person Jesu, dem er in den armen, kranken und obdachlosen Menschen begegnete. Nachdem er den Barmherzigen Schwestern nach ihrer Bewilligung die Regel vorgelesen hat, sagte er ihnen:

> „Die Gemeinschaft der Barmherzigen Dienerinnen für die Armen und Kranken .... O mein Gott! Welch wunderschöner Name und welch wunderbare Beschreibung! ... Diener der Armen, das ist das Gleiche, wie wenn man sagen würde, Diener von Jesus Christus, denn sie sind die Seinen, und er sagt, was ihnen getan wird, wird ihm getan. Und was tat er anderes, als er auf Erden war, als den Armen zu dienen."
>
> (Coste, *Life and Works,* Band 1, S. 355)

Er sah Christus in den armen Menschen, aber er fand in Jesus auch die Quelle für seine Einheit mit anderen. Mademoiselle du Fay, eine ergebene und großzügige Wohltäterin seiner Arbeit, kam auch zu ihm, um sich von ihm in spirituellen Belangen beraten zu lassen. Wenn Vinzenz verreisen musste, informierte er üblicherweise Mademoiselle du Fay darüber. In einem Brief an sie schrieb er:

> „Ich habe Ihnen nicht gesagt, dass ich verreise. Können Sie mir bitte verzeihen? Würden Sie mir bitte sagen, wie Ihr Herz das aufgefasst hat? ... Nun, ich vertraue darauf, dass (unsere Herzen) in vollständiger Harmonie sein werden im Herzen dessen, der beide umfasst, das ist das Herz unseres Herrn .... Seien Sie immer froh, Mademoiselle, ich bitte Sie, und ehren Sie so die heilige Seelenruhe unseres Herrn und seien Sie gewiss, dass er Ihr heiliges Herz durch seine heilige Liebe führen wird."
>
> (Coste, *Life and Works,* Band. 1, S. 299)

Für Vinzenz bedeutete Jesus einfach Liebe, die Quelle seiner Stärke, seiner Vision und seiner Harmonie.

Halte inne

Denke über diese Frage nach: Wie sehr orientiere ich mich an der Person Jesu in den Entscheidungen meines Lebens?

Worte des Vinzenz

Als er einen seiner frühesten Mitarbeiter ermutigen wollte, schrieb Vinzenz:

> „Denken Sie daran, dass wir durch den Tod Jesu in ihm leben, und dass wir mit Jesus Christus sterben sollen, durch das Leben von Jesus Christus und dass unser Leben in Jesus Christus sein soll und voll von Jesus Christus und wenn wir wie Jesus Christus sterben wollen, müssen wir wie Jesus Christus leben."
>
> (*Documents*, Band 1, S. 295)

Voller Bewunderung für die Liebe, die Jesus für sein Volk hat, betete Vinzenz:

> „Oh Retter! Wie glücklich waren diejenigen, die die Ehre hatten, dir nahe zu kommen! Welche Haltung! Welch Sanftmut, welche Offenheit hast du gezeigt, um sie für dich zu gewinnen! Mit welchem Vertrauen hast du Menschen inspiriert, dir näher zu kommen! Oh welche Zeichen der Liebe!"
>
> (*Documents*, Band 12, S. 190)

Reflexion

Jesu Worte und vielleicht noch mehr seine Taten inspirierten Vinzenz. Der dynamische, lebhafte Jesus bewegte Vinzenz, Gefangene zu befreien, Kranke zu trösten und Armen Hoffnung zu bringen. Vinzenz glaubte an die Wahrheit und Worte Jesu, dass es sein Ein und Alles war, den Willen seines Vaters zu tun, und er hatte es selber erfahren.

Vinzenz schickte seine eigenen Nachfolger in die ganze Welt, um das Königreich Gottes aufzubauen. Vinzenz selber lebte wie der chassidische Prediger, der seine Sachen packte, wenn er sich zum Gebet zurückzog, für den Fall, dass Gott ihn auf der Stelle aufrufen würde, irgendwo hin zu gehen und etwas zu tun. Jeder Missionar, in dessen Herz Jesus lebte, muss bereit sein, im Namen Jesu aufzubrechen.

- Lies die Worte von Vinzenz nochmals langsam durch. Nimm dir Zeit und höre, wie Vinzenz diese Worte zu dir spricht. Wenn du an eine Stelle kommst, die dich ganz besonders anspricht oder berührt, sprich mit Vinzenz über diese Stelle.
- Frage ihn, was diese Stelle bedeutet. Erzähl ihm, warum sie dich so berührt oder herausfordert. Wenn du deinen Dialog beendet hast, schreibe ein paar deiner Gedanken auf.
- Erinnere dich an eine Zeit, als eine bestimmte Person sich langsam ihren Weg in dein Herz gebahnt hat hat. Wie hat die Beziehung angefangen? Wie hast du die Beziehung vertieft? Welche Herzensgewohnheiten habt ihr miteinander entwickelt? Dann denke über diese Frage nach: Gibt es Parallelen zwischen der Entwicklung deiner Beziehung mit dieser besonderen Person und deiner Beziehung mit Jesus?

- Zu Vinzenz' Lebzeiten war der Begriff „Regel" eine Bezeichnung für einen Lebensstil, eine Anhäufung von Haltungen, Gewohnheiten und Verhaltensweisen, die jeden Tag durchdringen sollten. Vinzenz ermutigte seine Zuhörer, Jesus als die „Regel" für ihr Leben anzunehmen. Schreibe drei Werte oder „Regeln" auf, die für Jesus Christus wichtig gewesen sein könnten. Sprich mit Jesus, wie du am besten nach dieser „Regel" leben kannst.
- Der „zweifelnde Thomas" wollte einen Beweis, bevor er Jesus als seinen Retter annahm. Stell dir vor, dass du neben Thomas sitzt. Welche Fragen über Jesus beschäftigen dich immer und immer wieder? Welche Zweifel schwächen deinen Glauben? Jesus ist mit dir. Stelle ihm deine Fragen. Unterhalte dich mit ihm über deine Zweifel, Ängste und Fragen. Wiederhole dann langsam die Worte des Thomas im Gebet: „Mein Herr und mein Gott."

Vor allem im Christentum des Ostens hat das „Jesusgebet" den Gläubigen geholfen, sich auf Christus zu konzentrieren. Atme ein paar Mal tief ein und aus und nimm wahr, wie die Luft deine Lunge füllt und dann wieder entweicht. Atme tief und langsam, konzentriere dich auf deinen Atem. Wenn du entspannt bist, bete beim Einatmen die Worte: „Jesus, Gottes Diener" und beim Ausatmen: „Schick mich, um Gottes Werk zu tun." Bete dieses Gebet bis zum Schluss deiner Gebetszeit.

Gottes Wort

> Doch was mir Gewinn war, das habe ich um Christi willen für Verlust gehalten. Ja noch mehr: Ich halte dafür, dass alles Verlust ist, weil die Erkenntnis Christi Jesu, meines Herrn, alles überragt.
>
> (Philipper 3,7-8)

Schlussgebet

Oh Gott, gib, dass wir dir folgen. Schick uns deine Gnade, damit wir deinem Beispiel folgen können. Führe uns, damit wir Gottes Herrschaft und Gerechtigkeit suchen und all unsere Sorgen auf dich werfen.

(*Documents,* Band 12, S. 147-148)

Vierte Meditation

Gottes liebende Führung in unserem Leben

Thema

Vinzenz war überzeugt davon, in Gottes liebender Hand gehalten zu sein, und er ließ sich von dieser barmherzigen Hand leiten.

Eröffnungsgebet

Fürsorglicher, liebender Gott, beschütze und verteidige mich in meiner Schwäche und führe mich mit deinem Licht.

Aus dem Leben des Vinzenz von Paul

Vinzenz war fast siebzig Jahre alt, als er im Winter nach einer Hilfsfahrt in ein Kriegsgebiet angeschlagen nach Paris zurückkehrte. Dort wurde er von einer Krisensituation empfangen: Tausende von Flüchtlingen umlagerten seine Haustür und baten dringend um Essen. Vinzenz verwandelte sein Haus umgehend in ein großes Hilfszentrum, doch trotz der Großzügigkeit vieler Menschen waren in kurzer Zeit alle Lebensmittel aufgebraucht.

Am Ende des hektischen ersten Tages teilte ihm sein Buchhalter ängstlich mit, dass das Bankkonto leer war. Vinzenz schaute in die müden Augen seines Freundes und sagte: „Das sind gute Neuigkeiten. Jetzt können wir zeigen, dass wir Gott vertrauen." (Mezzadri, *Short Life*, S. 56) Innerhalb einer Woche kam wieder Geld.

Gottes Fürsorge bedeutete für Vinzenz, Gott zu vertrauen, aber auch Gottes Fürsorge zu erlauben, ihn zu leiten, manchmal sogar auf einen Weg, der nicht sehr vielversprechend zu sein schien. Von Anfang an fühlte sich Vinzenz beispielsweise von der Mission angezogen. Er schickte daher eine große Zahl Männer und Frauen in die Mission nach Übersee. Die Missionsarbeit in Madagaskar kostete allerdings einen hohen Preis. Jeder, den Vinzenz nach Madagaskar geschickt hatte, war dort oder bereits auf dem Weg dorthin gestorben. Die Mitglieder der Gemeinschaft hatten daher größte Bedenken, sich für einen Einsatz in Madagaskar zur Verfügung zu stellen.

Für Vinzenz war die Sache klar. In einem Brief erklärte er:

> „Manche Mitglieder der Gemeinschaft mögen vielleicht sagen, dass Madagaskar aufgegeben werden sollte; Fleisch und Blut werden eine Sprache sprechen und sagen, dass niemand mehr hingeschickt werden sollte. Aber ich bin sicher, dass der Geist etwas anderes sagt … Was wäre das für eine Missionsgemeinschaft, die wegen fünf oder sechs Toten das Werk Gottes aufgeben würde?"
>
> (*Documents*, Band 11, S. 420)

Halte inne

Frage dich: Was habe ich mit der inneren Aufforderung, etwas Schönes für Gott zu tun, gemacht?

Worte des Vinzenz

„Wir sollten Gott vertrauen, dass er auf uns aufpassen wird, denn wir wissen, dass wir immer unter Gottes Schutz stehen werden, so lange wir in dieser Liebe und diesem Vertrauen verankert sind. Wir werden vom Bösen verschont bleiben, und niemals wird uns etwas fehlen, selbst wenn alles, was wir besitzen, einer Katastrophe zum Opfer fällt."

(*Constitutions,* S. 108)

„Macht euch keine Sorgen ... Gnade hat ihre Zeit. Lasst uns Gottes Fürsorge vertrauen und ihr nicht vorauseilen. Wenn es Gott gefällt, uns in seinem Ruf an uns zu trösten, so ist es dies: dass ... wir in allem versucht haben, seiner Vorsehung zu folgen."

(*Documents,* Band 2, S. 453)

„Ihr aber fragt, was werden wir tun? Wir werden den Willen unseres Herrn tun, der von uns immer die Abhängigkeit von seiner Fürsorge fordert."

(*Documents,* Band 2, S. 469)

Reflexion

In unserer Kultur ist es nicht üblich, in den Geschehnissen unseres Lebens einen tieferen Sinn zu erkennen. Bestenfalls erscheint uns das Leben oft bedrohlich. Dinge scheinen einfach „zu geschehen" und wir versuchen, uns so gut wie möglich anzupassen. Wie können wir in solch einer dauerhaft krisenhaften Welt unser Vertrauen in Gott, der uns angeblich liebt und uns führt, behalten?

Da Vinzenz die verletzlichsten Menschen der französischen Gesellschaft versorgte, kannte er die Unsicherheit aus erster Hand. Aber er hatte es sich auch angewöhnt, im Nachhinein Gottes Handschrift zu lesen. Er schaute zurück auf scheinbar zufällige Ereignisse und erkannte darin Muster von Gottes Fürsorge. Als er zum Beispiel gefragt wurde, wie seine vielen Werke begonnen hatten, verwies Vinzenz auf eine Predigt, die er vor einem Publikum aus armen Bauern gehalten hatte. Obwohl er erkannt hatte, dass die Predigt zu der Zeit schon wirksam gewesen war, verstand er erst später, dass es genau diese Predigt war, durch die Gott ihm gesagt hatte, dass es sein Lebensweg sein sollte, Seelsorger zu werden. Solches Verständnis kam nicht automatisch. Vinzenz hatte bewusst eine Gewohnheit entwickelt, über solche Dinge, die „einfach so zu passieren schienen", nachzudenken und Gottes Hand in ihnen zu suchen. Vergangene Begebenheiten waren Schätze, die Gottes Handschrift trugen und seine Fürsorge ausdrückten.

Im Nachhinein erkannte er, dass sein wachsender Glaube an Gottes Fürsorge ihm das nötige Vertrauen gab, sich immer kühner den armen und unterdrückten Menschen zuzuwenden. Ja, er wusste, dass Gottes Fürsorge allen Christen zur Verfügung stand und ihre Lebensgrundlage sein konnte.

- Vinzenz sagte: „Gnade hat ihre Zeit. Vertrauen wir auf Gottes Fürsorge, und lasst uns sehr vorsichtig sein, ihr nicht vorauszueilen." Erinnere dich an verschiedene Ereignisse in deinem Leben, bestimmte Zeiten, als dein Leben sich verändert hat, obwohl es dir zu der Zeit noch nicht bewusst war. Schreibe auf und beschreibe die Bilder, die sich dir zeigen, wenn du an diese Zeiten der Gnade denkst. Versuche dann, dich daran zu erinnern, wie Gottes Hand dich zur Wahrheit und einem erfüllteren Leben führte. Danke Gott für diese Gnade.
- Genieße im langsamen Gebet die Worte dieses bekannten Liedes von John Henry Newman, „Die Säule der Wolke" (The pillar of the Cloud), das Gottes liebende Führung preist.

Freundliches Licht, um mich ist Finsternis:
Zeig du den Weg.
Zweifel in mir, die Zukunft ungewiss:
Zeig du den Weg, nur einen Schritt!
Ich frage nicht nach mehr.
So führ mich heim, und leuchte vor mir her.

Nicht immer hab ich so zu dir gefleht:
Zeig du den Weg.
Ich wählte selbst den Pfad, der abseits geht.
Zeig du den Weg.
Denn Stolz und Ängste hatten mich gelenkt.
Vergib: Ich habe Jahr um Jahr verschenkt.

Dein Segen blieb mir treu
auch in der Nacht und in Gefahr,
und hart am Abgrund hast du mich bewacht:
Nun seh ich klar.
Im Morgenglanz lacht mir dein Engel zu.
Mein Schmerz und meine Liebe, Gott, bist du.

Übersetzung von Peter Gerloff
www.glauben-singen.de

- Denke an eine anstehende Entscheidung, besonders eine Entscheidung, die du seit einiger Zeit vor dir herschiebst und die dir schon länger Kummer und Unruhe bereitet. Schreibe einen Brief an Vinzenz und beschreibe deine Ängste und deine Unsicherheit, deine Hoffnungen und Gründe. Stell dir vor, dass du einen Monat später eine Antwort von Vinzenz im Briefkasten findest. (Immerhin hat er in seinem Leben mehr als 30.000 Briefe geschrieben.) Du öffnest den Brief und liest:

„Mein Gott, (dein Name), welche wunderbare verborgenen Schätze stecken in heiliger Führung. Wie wunderbar wird Gott von denen geehrt, die ihr folgen und sich nicht gegen sie auflehnen."

(*Documents,* Band 1, S. 68)

Du überlegst, deine Entscheidung in Anbetracht seiner Worte zu treffen. Welche „versteckten Schätze" liegen in der anstehenden Entscheidung? Wie kannst du Gottes Willen am besten in deine Entscheidung mit einbeziehen? Wehrst du dich gegen etwas, das dir vielleicht ein erfüllteres Leben geben würde? So wie wir erst im Dunkeln die Auswirkung des Lichtes erkennen, kann unser Verständnis erst dann wachsen, wenn wir beginnen, uns zu bewegen. Überlege, welche konkreten Schritte du gehen musst, um mit deiner Entscheidung weiterzukommen. Bete für die Führung durch den Heiligen Geist, sprich mit Gott über deine Entscheidung.

- Stell dir vor deinem inneren Auge eine Situation vor, in der du dich völlig sicher gefühlt hast. Das könnte irgendwo sein. Vielleicht hast du dich als Kind unter den Kissen des Wohnzimmersofas vergraben oder vielleicht hast du dich in deinem Baumhaus versteckt oder im Schoss deiner Mutter oder deines Vaters. Vielleicht fühlst du dich in den Armen eines geliebten Menschen sicher und geborgen. Wo immer dein sicherer Ort ist, stell dir vor, dass du jetzt an diesem sicheren Ort bist. Atme tief ein und aus. Entspanne dich. Wenn du dich entspannt und sicher fühlst, sprich mit Gott über ein Problem, das dich schon länger beschäftigt und ängstigt. Lege diese Sorgen vor Gott nieder – und versuche, sie ihm zu überlassen. Denke daran, dass dieser sichere Hafen nur eine schwache Vorstellung der wahren Sicherheit ist, die Gott für dich ist. Frage Gott, was du als nächstes tun solltest.

- Bete langsam und immer wieder folgende Worte: „Mach dir nicht so viele Sorgen. Alles wird sich zur rechten Zeit fügen." Lege alle deine Sorgen im Gebet vor Gott nieder.

Gottes Wort

Was wollen wir nun dazu sagen? Ist Gott für uns, wer ist dann gegen uns? Er hat seinen eigenen Sohn nicht verschont, sondern ihn für uns alle hingegeben – wie sollte er uns mit ihm nicht alles schenken? ... Denn ich bin gewiss: Weder Tod noch Leben, weder Engel noch Mächte, weder Gegenwärtiges noch Zukünftiges noch Gewalten, weder Höhe oder Tiefe noch irgendeine andere Kreatur uns scheiden kann von der Liebe Gottes, die in Christus Jesus ist, unserem Herrn. (Römer 8,31-32.37-39)

Schlussgebet

Mein Gott, ich will mich dir schenken, meinen Körper und meine Seele, mein Herz, meinen Verstand und meinen Geist, um deinen Willen in meinem Leben zu verwirklichen.

Frits Braakhuis, *Praying in St. Vincent's Spirit,* Nr. 17

Fünfte Meditation
Evangelisation

Thema

Vinzenz nahm den Ruf Jesu an, in die Welt zu gehen und die Frohe Botschaft zu verkünden. Evangelisation war das Herzstück seiner Spiritualität.

Eröffnungsgebet

Gott, der du rettest, zieh mich immer näher in den Kreis deines Lebens. Stärke mich, gib mir die Kraft und das Mitgefühl, so dass ich die barmherzigen Hände und die leidenschaftliche Stimme Jesu in meiner Welt sein kann.

Aus dem Leben des Vinzenz von Paul

Als Vinzenz als junger Mann nach Paris kam, hatte er fest vor, berühmt und reich zu werden. Er bemühte sich um die richtigen Kontakte und hielt in geschickter Weise Ausschau, wie er weiterkommen könnte. Nach einiger Zeit fand er die Gunst von Königin Marie, der Witwe von König Henri IV. Bald darauf ging er in ihren Kreisen ein und aus. Doch nach zwei Ereignissen wandte er sich von seiner Jagd nach Reichtum ab und hin zur Botschaft Jesu.

Zunächst kam Vinzenz unter den kraftvollen Einfluss von Pierre de Bérulle, dem bekannten Seelenführer und geistlichen Autor. Bérulle betonte immer wieder, dass Jesus das fleischgewordene Wort Gottes ist, der geschickt worden war, um Gottes Güte und Heiligkeit zu allen Menschen zu bringen. Nach und nach spürte Vinzenz Gottes Ruf auch, aber er war noch nicht sicher, wohin er gehen sollte.

Kurze Zeit nachdem Vinzenz Bérulle kennengelernt hatte, begann er, ein örtliches Armenkrankenhaus zu besuchen. Er brachte den ganz mittellosen Patienten die Kommunion, nahm ihnen die Beichte ab und sprach mit den ärmsten der vielen armen Menschen in Paris. Langsam ging ihm ein Licht auf: Könnten dies die Menschen sein, zu denen er geschickt wurde?

Im Jahr 1611 gab der Leiter der Pariser Münzanstalt Vinzenz 15.000 Livres als ein persönliches Geschenk – das war damals eine beachtliche Summe Geld. Am nächsten Tag gab Vinzenz das ganze Geld den Brüdern des Krankennhauses. Jetzt wusste er, wohin Gott ihn leitete.

Später erzählte Vinzenz seinen Zuhörern bei einer Konferenz von seinem eigenen Verständnis von Mission und von der Evangelisation aller Christen:

> „Gott zu den Armen zu bringen, sie mit Jesus Christus bekannt zu machen, ihnen zu sagen, dass das Reich Gottes nahe ist! Aber es übersteigt unser Verständnis, dass wir mit dem Sohn Gottes zu-

sammenarbeiten sollen. Letztlich ist es die Arbeit von Gottes Sohn und wir sind seine Instrumente, durch die er seine Arbeit hier auf Erden fortsetzt. Wir haben viel Grund, ... Gott zu loben und ihm ohne Unterlass für seine Gnade zu danken!"

(*Documents*, Band 12, S. 80)

„Den Armen das Evangelium zu predigen" wurde zur Leidenschaft in Vinzenz' Leben. Er zweifelte nie mehr daran, was seine Aufgabe war und zu wem er geschickt wurde.

Halte inne

Denke darüber nach, welche Rolle die Evangelisation als deine Antwort auf Jesu Ruf spielt.

Worte des Vinzenz

In einer anderen Predigt sprach Vinzenz leidenschaftlich darüber, dass die Evangelisation den Missionar näher an Christus und seine Nachfolger bringen kann:

„Durch unseren Ruf werden wir unserem Herrn Jesus Christus gleich, dessen Hauptanliegen es war, sich um die Armen zu kümmern. „Er hat mich geschickt, dass ich die Frohe Botschaft zu den Armen bringe." Und wenn jemand unseren Herrn fragte: „Warum bist du auf die Erde gekommen?" (so antwortete er): „Um den Armen zu helfen." „Gab es noch einen anderen Grund?" „Um den Armen zu helfen..." So können wir uns glücklich schätzen, dass wir Anteil haben an der Mission, die unseren Herrn dazu bewegt hat, einer von uns zu werden."

(*Documents,* Band 11, S. 108)

Reflexion

Die Menschen, die Vinzenz gekannt haben, als er um die 20 Jahre alt war, hätten Schwierigkeiten gehabt, ihn mit ca. 40 Jahren wiederzuerkennen. Etwas Entscheidendes war passiert. Er folgte leidenschaftlich einem anderen Ruf. Durch seine Gebete, durch seine Einsicht, die er durch seinen weisen Seelenführer erhielt, und durch seinen direkten Dienst an den armen Menschen begegnete Vinzenz Jesus und entdeckte dabei seine Berufung – und die Berufung aller Christen: das Evangelium zu verkünden, besonders den armen Menschen.

Gott segnet alle Menschen mit Erleuchtung, in deren Mitte sie ganz deutlich Gottes Gesicht sehen. Dieser „Gottespunkt" kann in der Fülle einer innigen Beziehung zu finden sein, in der Ehrfurcht vor der Schönheit der Natur oder in der Begeisterung beim Teilen oder Weitergeben von Einsichten. Jesus versichert seinen Jüngern, dass es solch ein „Gottespunkt" ist, anderen die Frohe Botschaft weiterzugeben. Wir können Gott begegnen, wenn wir sein Wort weitergeben. Wenn wir missionieren, schickt Gott uns seine

Energie und seine Gnade. Im Geben wird der Missionar missioniert.

- Lies den Abschnitt „Worte des Vinzenz" nochmals langsam. Stell dir vor, dass diese Worte direkt an dich gerichtet sind. Denke über Folgendes nach:
- Wie geht es mir mit Vinzenz' Führung?
- Welche Vorurteile, Besitztümer oder Beziehungen muss ich vielleicht loslassen?
- Zu welchen armen Menschen werde ich geschickt?

Wer sind die Menschen, die dich zu Gott führen? Welche Menschen sind für dich die „Gottespunkte"? Stell dir ihre Gesichter vor. Höre ihre Stimmen. Sie sind es, die dir Gottes Geist näher bringen. Danke Gott für sie. Wenn du manche von ihnen aus den Augen verloren hast, schreibe ihnen oder rufe sie an.

Besuche einen kranken oder eingesperrten Menschen. Reinige die Wohnung für jemanden, der es selber nicht mehr kann. Pass auf die Kinder von jemandem auf, der eine kleine Pause benötigt. Mit anderen Worten, verbreite das Evangelium, indem du zur Frohen Botschaft für jemanden wirst.

Schreibe fünf Beispiele auf, wie du deinen Kollegen Gott durch deine Worte oder Taten der Barmherzigkeit näher bringen kannst. Versuche, eine Woche lang jeden Tag eine davon in die Tat umzusetzen. Schau dir am Ende der Woche deine Bemühungen an und bitte für die Gnade, die du brauchst, um die Frohe Botschaft für deine Kollegen zu sein.

In den Schriften des Alten Bundes legt der ältere Prophet Elias seinen Umhang um die Schulter seines Schützlings Elisha. Als Elisha den Umhang annimmt, spürt er seinen Auftrag und den Impuls, Gottes Wahrheit und Mitgefühl zu bezeugen.

Hast du jemals die Erfahrung gemacht, den Mantel der Evangelisation anzunehmen? Vielleicht hat dich ein Vortrag berührt oder etwas, was jemand gesagt hat, ein Buch, das du gelesen hast – oder eine Not, die du gesehen hast. Denke an die Kraft dieses Erlebnisses, bleib bei dieser Kraft. Sprich mit Gott über die Gnade, die du brauchst, damit deine Sehnsucht, Gottes Wort weiterzugeben, neu entfacht wird.

Um dich auf eine Medition über Jesu Lehren vorzubereiten, mag es hilfreich sein, die Vorschläge in der Einführung noch einmal durchzulesen.

Entspanne deinen ganzen Körper in der Gegenwart deines heiligen Freundes, beginne mit deinen Füßen und ende mit deinem Kopf. Atme tief ein und aus, heiße den Lebensatem und den Geist Gottes willkommen...

Gehe jetzt hinter Jesus und seinen Jüngern zur Synagoge in Nazareth ... Ein ehrfürchtiges Schweigen begrüsst Jesus beim Eintreten .... Du setzt dich in eine der letzten Reihen, aber du kannst Jesus und seine Jünger sehen ... In der Reihe vor dir sitzen die Ältesten .... Der Leiter der Synagoge kommt zu Jesus und gibt ihm die Torah ... Jesus öffnet sie langsam und findet den Text aus Jesaja, den er sucht ... Er steht auf, schaut sich in der Menge um, nimmt einen tiefen

Atemzug und beginnt klar und deutlich den Text zu lesen:

> Der Geist des Herrn ruht auf mir, denn er hat mich gesalbt. Er hat mich gesandt, damit ich den Armen eine frohe Botschaft bringe; damit ich den Gefangenen die Entlassung verkünde und den Blinden das Augenlicht; damit ich die Zerschlagenen in Freiheit setze und ein Gnadenjahr des Herrn ausrufe.
>
> (Lukas 4,18-19)

Jesus gibt die Schrift an einen jungen Aufseher zurück und er beginnt, sich im Raum umzuschauen.... Er sieht dich ... und schaut in deine Augen und er spricht bewusst zu dir: „Heute haben sich diese Worte erfüllt, weil du sie gehört hast.....“ Dann verlässt er leise die Synagoge.

In der Stille denkst du über seine Worte an dich nach. Wenn du so weit bist, öffnest du die Augen.

Manche Menschen finden es hilfreich, ihre Reaktionen und Gedanken auf eine geführte Meditation in ihr Tagebuch aufzuschreiben.

Gottes Wort

> Dank sei Gott, der uns stets im Triumphzug Christi mitführt und durch uns den Geruch seiner Erkenntnis an allen Orten verbreitet! Denn wir sind Christi Wohlgeruch für Gott unter denen, die ge-

rettet werden, wie unter denen, die verloren gehen. Denn wir sind nicht wie die vielen anderen, die mit dem Wort Gottes Geschäfte machen. Wir verkünden es aufrichtig, von Gott her und vor Gott in Christus.

(2 Korinther 2,14-15, 17)

Schlussgebet

Mit dem Propheten Samuel bitte ich: „Sende mich, oh Gott!“ Schicke mich, dass ich deine Werke in dieser Welt tue und lass mich dich dabei kennenlernen.

Sechste Meditation
Die besondere Gegenwart Jesu bei den Armen

Thema

In den armen, verlassenen und hungrigen Menschen, den Aussätzigen der Gesellschaft, begegnete Vinzenz Jesus Christus am intensivsten.

Eröffnungsgebet

Gütiger Jesus, öffne meine Augen. Lass mich dich in den armen Menschen dieser Welt sehen. Lass mich dich in ihnen erkennen. Hilf mir, dich anzunehmen, wie ich sie annehme, von dir zu lernen, wie ich von ihnen lerne.

Aus dem Leben des Vinzenz von Paul

Mit den Jahren entwickelte Vinzenz einen Plan in vier Schritten, um Armen und Bedürftigen zu helfen. Beim ersten Schritt ging es um die Wahrnehmung einer Notlage. Als zweiten Schritt schickte Vinzenz einige Helfer, um dann im dritten Schritt eine finanzielle Grundlage zu schaffen, welche eine umfassendere Hilfe ermöglichte. Und zuletzt schrieb er eine Anleitung, wie und warum dieser Dienst weiterhin erfüllt werden sollte. In den Einzelheiten dieser Anleitung zum Dienst an den Armen können viele Aspekte der Spiritualität von Vinzenz gefunden werden.

In einer dieser Anleitungen, in der es um verlassene Kinder geht, beschreibt Vinzenz Einzelheiten, wann die Kinder zu Bett gelegt werden und wann sie aufstehen sollten, wie man vermeidet, Lieblinge unter den Kindern zu haben, und wie man sie am besten maßregelt. Er weist die Kinderpfleger auch an, wie sie die Kinder ansehen sollten. Er sagte ihnen, dass kurz vor dem Wecken der Kinder

> „(die Kinderpfleger) niederknien und Gott all die Dienste darbringen sollen, die sie an diesen kleinen Kindern und somit an unserem Herrn vollbringen werden, und das Veni Sancte Spiritus aufsagen."
>
> (Coste, *Life and Works,* Band 2, S. 267)

Vinzenz verfasste auch eine Regel für die Barmherzigen Schwestern, die sich um die Verurteilten, die in den französischen Kriegsgaleeren rudern mussten, kümmerten. Das Buch ist voller praktischer Anweisungen, wie sie sich selber schützen und doch ihren Dienst tun konnten. Vinzenz erinnerte die Schwestern eingehend daran, dass die Verurteilten zwar hartgesottene Kriminelle, doch auch die Gegenwart dessen sind, der „sich selber zum Sklaven machte um uns vom Dienst des Bösen zu befreien" (Coste, Life and Works, Band 2, S. 322).

Auch wenn die Verurteilten unverschämt oder gewalttätig wurden, sollten die Schwestern sie mit Respekt behandeln, denn auch diese Verurteilten trugen den leidenden Jesus in sich.

Halte inne

Denke darüber nach: Mache ich mir Jesu Gegenwart in hungrigen Menschen, in den Bettlern, den verwahrlosten Jugendlichen und in den Obdachlosen wirklich bewusst?

Worte des Vinzenz

„Ich sollte arme Bauern, Männer oder Frauen, nicht nach ihrem Äußeren oder ihren geistigen Fähigkeiten beurteilen. Vor allem, weil sie oft nicht das Aussehen oder die Intelligenz von vernünftigen Menschen zu haben scheinen, so ekelhaft und widerwärtig wie sie sind. Aber wenn wir die Medaille umdrehen, sehen wir durch das Licht des Glaubens, dass Jesus Christus, dessen Wille es war, arm zu sein, in ihnen verkörpert ist."

(*Documents*, Band 11, S. 32)

„Meine Brüder, lasst uns also mit einer neuen Liebe den Dienst an den Armen tun, und die Ärmsten und Verlassensten unter ihnen suchen. Lasst uns erkennen, dass sie vor Gott unsere Herren und Meister sind, und dass wir unwürdig sind, ihnen den kleinsten Dienst zu erweisen."

(*Documents,* Band 11, S. 393)

„Meine Schwestern, lasst uns die Armen als unsere Meister sehen, da unser Herr in ihnen ist und sie in unserem Herrn."

(*Documents,* Band 13, S. 540)

Reflexion

Im Gebet spielen Sehen und Aufmerksamkeit eine große Rolle. Jesus tadelte Menschen, die zwar sehen, aber auf Grund ihrer Vorurteile, ihrer Ignoranz oder ihres Zynismus nicht genau hinschauen. Vinzenz schaute durch die Augen der armen Menschen, mit denen er arbeitete. Sie wurden zum Fernrohr, durch das er einen flüchtigen Blick auf Gottes Werk in der Welt erhaschte. Im Stich gelassene, dennoch wertvolle Menschen waren der heilige Boden, auf dem Vinzenz dem lebendigen Gott begegnete.

Sehen und seine Aufmerksamkeit auf Gott zu richten ist nicht nur im stillen Gebet, sondern auch in zwischenmenschlichen Beziehungen, vor allem mit Gottes Armen, wichtig. Nicht umsonst wird das Gebet ein langes, liebendes Buch der Realität genannt. Waisenkinder, Kriegs-, Hungeropfer sowie Kranke zeigen uns eine Realität, die uns aus unserer Selbstgefälligkeit und Selbstgenügsamkeit wachrütteln kann. Sie erinnern uns daran, dass Jesu Leiden in unserer Mitte ist, dass das Königreich Gottes unsere Aufmerksamkeit verlangt, dass nur Gott unseren Hunger stillen kann.

Gottes Gegenwart zu sehen erfordert Glauben, Glauben, der uns hilft, durch zerrissene Kleidung, offenen Wunden, laufende Nasen, ausgemergeltes Aussehen, aggressives Auftreten, blasse Haut oder gespielte Gleichgültigkeit, die Menschen an den Tag legen, hindurchzuschauen. Wie Vinzenz gesagt hat: „Du wirst durch das Licht des Glaubens sehen, dass Gottes Sohn, dessen Wille es war, arm zu sein, in diesen Menschen verkörpert ist.“ Die Belohnung für den Glauben ist eine Begegnung mit dem Gott der Liebe.

- Denke an deine letzte Begegnung mit einem obdachlosen oder armen Menschen. Wie war deine erste Reaktion? Welche andere Gefühle hast du in dir gespürt? Warst du dir Gottes Gegenwart in dieser Begegnung bewusst? Falls ja, wie?
- Wenn du diese Woche die Zeitung liest oder die Nachrichten im Fernsehen anschaust, achte besonders auf die Art und Weise, wie arme und obdachlose Menschen, Kriegsopfer oder Menschen mit AIDS in den Medien gezeigt werden. Vielleicht magst du in dein Tagebuch schreiben, was dir auffällt. Werte am Ende der Woche aus, wie diese Menschen in den Medien behandelt werden. Frage dich dann: Hat diese Berichterstattung meine Meinung über Gottes arme Menschen beeinflusst? Ist meine Einstel-

lung die von Christus oder die von „der Welt"? Erzähle Gott davon.

- Bete langsam folgende Worte von Vinzenz: „Dreh die Medaille um, und du wirst durch das Licht des Glaubens sehen, dass Gottes Sohn, dessen Wille es war, arm zu sein, in diesen Menschen verkörpert ist." Denke dann an Gelegenheiten, bei denen du durch die Fassade hindurchgeschaut hast und eine Ahnung von Gottes Gegenwart in einem armen, kranken oder verlassenen Menschen erhascht hast. Danke Gott für diese Erkenntnis.

Lies die Geschichte des guten Samariters im Lukasevangelium 10,29-37. Denke über die Geschichte nach. Nimm folgende Fragen mit ins Gebet:

Wer sind die Menschen, die ich in letzter Zeit verletzt am Straßenrand liegen gesehen habe? Was hätte ich für sie tun können? Was habe ich getan?

Bringe diese Menschen im Gebet vor Gott.

Um seinen Freunden zu helfen, die Gewohnheit zu entwickeln, Gottes Gegenwart in verlassenen Kindern zu sehen, verfasste Vinzenz ein Gebet, das sie jeden Tag beten sollten. Schreibe dein eigenes Gebet, das dich daran erinnert, Gottes Gegenwart in den armen Menschen, in deinen Kollegen, in allen Menschen zu sehen. Sprich dieses Gebet am Beginn deines Arbeitstages und vielleicht noch einmal in deiner Mittagspause. Frage dich dann ein oder zwei Wochen lang am Abend: Habe ich Menschen heute so behandelt, als wären sie Christus?

Gottes Wort

Dann wird der König denen zu seiner Rechten sagen: Kommt her, die ihr von meinem Vater gesegnet seid, empfangt das Reich als Erbe, das seit der Erschaffung der Welt für euch bestimmt ist! Denn ich war hungrig und ihr habt mir zu essen gegeben; ich war durstig und ihr habt mir zu trinken gegeben; ich war fremd und ihr habt mich aufgenommen; ich war nackt und ihr habt mir Kleider gegeben; ich war krank und ihr habt mich besucht; ich war im Gefängnis und ihr seid zu mir gekommen.
Dann werden ihm die Gerechten antworten und sagen: Herr, wann haben wir dich hungrig gesehen und dir zu essen gegeben oder durstig und dir zu trinken gegeben? Und wann haben wir dich fremd gesehen und aufgenommen oder nackt und dir Kleidung gegeben? Und wann haben wir dich krank oder im Gefängnis gesehen und sind zu dir gekommen?
Darauf wird der König ihnen antworten: Amen, ich sage euch: Was ihr für einen meiner geringsten Brüder getan habt, das habt ihr mir getan.

(Matthäus 25,34-40)

Schlussgebet

Liebender Gott, lass mich in die Augen der Kranken und Gefangenen sehen, der Hungernden und Dürstenden, und wenn ich in ihre Augen schaue, hilf mir, dich in Solidarität mit ihnen leidend zu sehen. Ändere meine Sichtweise; und stärke meinen Willen, gerecht und barmherzig zu handeln.

Siebte Meditation
Gott mit Herz und Tat lieben

Thema

Christliche Liebe verbindet tiefe Zuneigung und harte Arbeit. Es ist vor allem eine praktische Leidenschaft.

Eröffnungsgebet

Gott, du Quelle aller Einheit, bringe mein Herz und meine Hände zusammen. Lass meine Liebe in Tat und Begeisterung wachsen. Lehre mich, dir mit dem Licht meines Geistes, dem Feuer meiner Gefühle und der Kraft meines Körpers zu dienen.

Aus dem Leben des Vinzenz von Paul

Vinzenz' Zuneigung für seine Mitpriester war so weit bekannt, dass er sie um praktische Hilfe bitten konnte, ohne ihre Liebe zu verlieren. Oft ermahnte er Geistliche, die sich beschwerten, wenn sie der Meinung waren, dass Aufgaben unter der Würde ihrer Berufung waren.

Als sie ihn eines Abends kritisierten, weil er die Leitung eines öffentlichen Krankenhauses übernommen hatte, tadelte er sie ganz offen:

„Sind die Armen nicht die Leidenden unseres Herrn? Sind sie nicht unsere Brüder und Schwestern? Wenn selbst Priester sie verlassen, wer soll sich dann um sie kümmern? Wenn unter euch jemand ist, der dachte, dass er der Gemeinschaft beigetreten ist, nur um den Armen zu predigen, sie aber nicht zu trösten, nur ihre geistliche Not zu lindern, nicht aber ihre materielle, dem sage ich Folgendes: Wir sollen den Armen helfen, so gut wir können, und wir dürfen auch die Hilfe von anderen in Anspruch nehmen.... Das bedeutet es, das Evangelium mit Wort und Tat zu predigen."

(*Documents,* Band 12, S. 87)

Sich für Gottes Dienst die Hände schmutzig zu machen war alles andere als erniedrigend. Ganz im Gegenteil, es machte die Verkündigung glaubwürdig.

Ein anderes Mal konfrontierte Vinzenz einige Geistliche, die der Meinung waren, dass die Qualität ihres Gebetes wichtiger war als die Not der Menschen. Er sagte ihnen:

„Oft sind viele Liebesbezeugungen für Gott, das Ruhen in seiner Gegenwart, gute Gefühle für alle Menschen und solche Gebete, so gut und wünschenswert wie sie auch sein mögen, suspekt, wenn sie sich nicht in praktischer Liebe ausdrücken."

(*Documents,* Band 11, S. 40)

Der Realist Vinzenz zweifelte an jeglicher Liebe, die sich nicht in der Tat zeigte. Liebe musste nicht nur an der Intensität der Sehnsucht gemessen werden, sondern auch an der Wirksamkeit ihrer Ergebnisse.

Halte inne

Denke über diese Frage nach: Inwieweit bleibt mein Wunsch zu lieben und zu dienen nur ein guter Vorsatz?

Worte des Vinzenz

„Lasst uns Gott lieben, meine Brüder, lasst uns Gott lieben. Aber lasst ihn uns durch die Kraft unserer Arme and den Schweiß unseres Angesichts lieben."

(*Documents*, Band 11, S. 40)

„Meine Schwestern, wir müssen uns von emotionaler zu wirksamer Liebe bewegen. Und diese Liebe wird Fleisch in wohltätiger Arbeit, im Dienst an den Armen, der mit Freude, Beständigkeit und zarter Liebe getan wird."

(*Documents*, Band 11, S. 593)

„Die Kongregation nahm sich den Herrn Jesus zum Vorbild, als jemanden, der nicht mit dem Lehren, sondern mit dem Tun angefangen hat... Es ist genauso wichtig, darauf hinzuweisen, dass er ein Vorbild dafür ist, etwas gut zu machen, denn alles Gute, was wir tun, wird nur gelobt, wenn es gut getan wird."

(*Constitutions,* S. 150)

Reflexion

Vinzenz hätte nicht das Gebet gegen die Taten der Barmherzigkeit oder praktische Pläne gegen emotionale Reaktionen auf Gottes Liebe ausgetauscht. Authentische christliche Liebe verbindet Geist, Gefühle und Taten.

Vinzenz war der Meinung, dass religiöser Eifer den Verstand nicht ausschließt. Wirksamer Dienst an Gottes bedürftigen Menschen musste kompetent und nicht nur inbrünstig getan werden. Er musste tatsächlich helfen. Aber er wusste auch, dass Barmherzigkeit nachlassen konnte, wenn sie nicht beständig durch Gebet und Gottes Einsichten gestärkt wurde. Vinzenz brachte seine Not und Fragen über seine Arbeit im Gebet vor Gott.

Obwohl er es nicht mit den Worten unserer heutigen Zeit ausdrückte, erkannte Vinzenz auf seine Art und Weise die Verbindung zwischen den unterdrückenden Gesellschaftsstrukturen und den vielen armen Menschen. Er sprach oft über die „Weisheit der Welt und die Weisheit des Evangeliums", und er verstand, dass die beiden nicht immer kompatibel waren. Individuelle Barmherzigkeit bedeutete nicht nur den Dienst an den Armen, sondern auch den Aufbau neuer Strukturen und die Reform des gesellschaftlichen Gefüges, um die Werte des Evangeliums widerzuspiegeln. Praktiker, der er war, versuchte Vinzenz nicht nur ein emotionaler Missionar zu sein, sondern auch ein effektiver.

- Wiederhole folgende Worte von Vinzenz im Gebet: „Lasst uns Gott lieben ... aber lasst ihn uns durch die Kraft unserer Arme and den Schweiß unseres Angesichts lieben." Denke während des Gebets an Situationen, in denen du Gott in Taten der Barmherzigkeit und der Gerechtigkeit geliebt hast.
- Erinnere dich an zwei ernsthafte Versuche, als du anderen helfen wolltest. Einmal hat es funktioniert, das andere Mal nicht. Denke vor Gott über die Unterschiede dieser beiden Taten der Barmherzigkeit nach.
- Führe ein Gespräch mit Jesus über die folgenden Fragen: Gibt es irgendwelche Situationen, die mich zu tiefem Mitgefühl bewegt haben, bei denen ich aber nichts unternommen habe oder in den Worten des Vinzenz, bei denen ich mich von der emotionalen Liebe zur wirksamen Liebe bewegt habe? Was kann ich tun, um meine Liebe in die Tat umzusetzen? Gibt es Ängste, Schwächen oder Vorurteile, die mich daran hindern, barmherzige Taten zu tun? Welche Hilfe von Gott brauche ich, um mich von emotionaler zu wirksamer Liebe zu bewegen?
- Wissen und Kompetenzen werden benötigt, um einen Liebesdienst effektiv umzusetzen.

Denke über folgende Worte der Bibel nach: „Du sollst den Herrn, deinen Gott, lieben mit deinem ganzen Herzen und deiner ganzen Seele, mit deiner ganzen Kraft und deinem ganzen Denken, und deinen Nächsten wie dich selbst" (Lukas 10,27). Denke dann über folgende Frage nach: Welches Wissen und welche Kompetenzen, die mir helfen würden, meine Schwestern und Brüder effektiver zu lieben, könnte ich mir in Anbetracht meiner Einschränkungen und meiner Talente aneignen?

- Handle. Gib jemandem, der deine Hilfe braucht, oder einer Gerechtigkeits- oder Friedensmission deine Zeit und deine Energie.

Gottes Wort

Was nützt es, meine Brüder und Schwestern, wenn einer sagt, er habe Glauben, aber es fehlen die Werke? Kann etwa der Glaube ihn retten? Wenn ein Bruder oder eine Schwester ohne Kleidung sind und ohne das tägliche Brot und einer von euch zu ihnen sagt: Geht in Frieden, wärmt und sättigt euch, ihr gebt ihnen aber nicht, was sie zum Leben brauchen – was nützt das? So ist auch der Glaube für sich allein tot, wenn er nicht Werke vorzuweisen hat.

(Jakobusbrief 2,14-17)

Schlussgebet

Herr Jesus, lehre mich durch dein Beispiel. Hilf mir, durch den Nachdruck meiner Bemühungen die Welt um mich herum anzustecken. Ich will mich dir geben, meinen Körper und meine Seele, mein Herz und meinen Verstand und meinen Geist, so dass ich immer das tue, was dich froh macht. Gib mir durch deine Barmherzigkeit die Gnade und führe in mir und durch mich deine rettende Arbeit fort.

(*Documents,* Band 11, S. 74-75)

Achte Meditation
Kultivierung von Tugenden

Thema

Um Jesu nachzufolgen und ihre Mission zu erfüllen, müssen Christen die nötigen Tugenden kultivieren und pflegen.

Eröffnungsgebet

Stärke meinen Willen, Gott, mein Fels, dass ich die Tugenden, die für ein christliches Leben notwendig sind, pflegen möge. Sei mir gnädig, denn ohne deine Gnade vermag ich nichts zu tun.

Aus dem Leben des Vinzenz von Paul

Im Jahr 1618 begegnete der junge Vinzenz Franz von Sales. Dieser der Reform gegenüber offene Bischof gefiel Vinzenz, denn er verfügte über eine positive Ausstrahlung und Weisheit, zeigte Leichtigkeit in zwischenmenschlichen Beziehungen und Sanftmut. Vinzenz war begeistert von Liebenswürdigkeit des Bischofs und seiner offensichtlichen Selbstdisziplin, und bemerkte dabei, wie so ganz anders sein eigener Charakter angelegt war. Manche Menschen hatten bei ihm eine Neigung zu unfreundlicher Härte und übertriebenem Eifer festgestellt und seine Stimmungsschwankungen kritisiert. Vinzenz rechtfertigte sich regelmäßig mit den Worten, er sei nun einmal so und könne nicht anders.

Kurz nach der Begegnung mit dem von ihm verehrten Franz von Sales reiste Vinzenz zu Exerzitien in ein Kloster etwas außerhalb von Paris. Die Begegnung mit Franz von Sales ließ ihn von nun an nicht mehr los. Während seiner Auszeit schaute er schließlich seiner aggressiven Seite und seiner Tendenz zur Depression ehrlich ins Gesicht. Während einer sehr intensiven Gebetszeiten warf sich Vinzenz in Gottes Arme und erkannte endlich, dass nur Gottes Kraft seine Härte erweichen und seine Stimmungsschwankungen lindern könnte.

Gleichzeitig erkannte er, dass der Verwandlungsprozess auch eine gehörige Portion Selbstdisziplin benötigen würde. Viele Jahre später erinnerte sich Vinzenz an diesen bahnbrechenden Moment:

> „Ich wandte mich an Gott und flehte ihn aus ganzem Herzen an, dass er meinen reizbaren und abstoßenden Charakterzug verwandeln möge. Und durch die Gnade unseres Herrn und indem ich den heißblütigen Impulsen meiner Persönlichkeit etwas mehr Aufmerksamkeit schenkte, wurde ich wenigstens teilweise von meinen düsteren Stimmungen geheilt."
>
> (Louis Abelly, *The Life of Vincent de Paul*, Band 3, S. 177-178)

Es war die Gnade Gottes, die Vinzenz geholfen hatte, sich zu ändern. Seine Antwort führte ihn zur persönlichen Askese.

Halte inne

Frage dich: Gibt es Bereiche in meinem Leben, in denen ich nicht so diszipliniert bin, wie ich es sein könnte, wenn es darum geht, auf Gottes Stimme zu hören?

Worte des Vinzenz

Vinzenz eröffnet sein einziges spirituelles Lehrbuch für seine Gemeinschaft mit dem Grundsatz:

> „Wir lesen in der Heiligen Schrift, dass unser Herr Jesus Christus, der auf die Erde geschickt wurde, um die Menschen zu retten, nicht mit dem Lehren begann, sondern mit der Tat. Und was er tat, war, dass er jede Tugend komplett in sein Leben integrierte....
>
> Und jetzt möchte unsere kleine Gemeinschaft mit Gottes Hilfe, so weit es geht, unseren Herrn Jesus Christus nachahmen. Sie möchte seine Tugenden nachahmen ...."
>
> (*Constitutions,* S. 105)

Typisch für Vinzenz' Ermutigung, tugendhaft zu sein, ist der folgende Ratschlag, wie man lernen kann, authentisch und doch besonnen zu sein:

„Christus empfiehlt die Einfachheit einer Taube und er sagt uns, dass wir auch die Klugheit einer Schlange haben sollen. Was er meint, ist dass unsere Worte und unsere Taten diskret sein sollen ... In der Praxis hat diese Tugend damit zu tun, die richtige Art zu wählen, etwas zu tun. Wir sollten es uns also zu einem heiligen Prinzip machen, das keine Ausnahme duldet, dass wir, da wir für Gott arbeiten, immer die Dinge mit den Augen Jesu sehen und beurteilen werden und nicht aus einer weltlichen Sicht .... So können wir vorsichtig wie eine Schlange und einfach wie eine Taube sein ...“

(*Constitutions*, S. 109-110)

Reflexion

Für Vinzenz war ein tugendhaftes Leben kein Zufall. Gott gibt zwar die Gnade, aber menschliche Anstrengung wird benötigt, um die Tugenden zu pflegen. Barmherzige, hoffnungsvolle und gerechte Gewohnheiten werden kultiviert, sie passieren nicht einfach durch unser Wunschdenken.

Vinzenz hat keinen Stoizismus propagiert oder ein strenges Übungsprogramm mit schweren Taten, die immer und immer wiederholt werden sollten, um spirituelle Muskeln aufzubauen. Er stellte den typischen Christen nicht als einen strengen Menschen dar, der jeglichem Druck widerstehen könnte, indem er seine christliche Pflicht tut.

Andererseits wusste Vinzenz aber auch, dass gute Vorsätze nur unzureichende Antworten auf Gottes Gnade sind. Die Tugend – eine gute Gewohnheit, eine innere Bereitschaft, Gutes zu tun – musste ein Teil des Lebens werden. Er hätte sicher diesem alten weisen Spruch zugestimmt: Pflanze eine Tat, ernte eine Gewohnheit. Pflanze eine Gewohnheit, ernte eine Tugend. Pflanze eine Tugend, ernte Charakter. Pflanze Charakter, ernte Schicksal...

Reflektierte Taten, die bewusst wiederholt werden, werden zu Gewohnheiten religiöser Energie. Indem beispielsweise jemand in schweren Situationen immer und immer wieder geduldig reagiert, kann er Geduld lernen. Tugenden wie Geduld sind in einem erfüllten christlichen Leben sehr wichtig.

- Vinzenz hat stets ganz konkrete Vorschläge gemacht, wie Tugenden entwickelt werden können. Aus eigener leidvoller Erfahrung wusste er, dass genaue Vorkehrungen im Herzen des Dieners oder der Dienerin getroffen werden mussten, wenn das Evangelium durch seine oder ihre Hände zum Leben erweckt werden sollte.
- Prüfe dein eigenes Bewusstsein. Schreibe deine Einschätzung, wie du die wichtigsten christlichen Tugenden in deinem Leben pflegst. Frage dich, wie du folgende Tugenden entwickelst: Barmherzigkeit, Vorsicht, Stärke, Gerechtigkeit und Mäßigkeit.
- Wenn dein guter Freund eine apostolische Einschätzung über dich schreiben sollte, wel-

che Schwächen oder Stärken bei bestimmten Tugenden würde er beschreiben? Stell dir vor, dass du mit ihm oder ihr zusammensitzt und über seine/ihre Einschätzung sprichst. Beginne, indem du deiner Freundin, deinem Freund sagst: Danke, dass du bereit bist, diese Einschätzung mit mir zu machen. Beginne bitte mit meinen Schwächen oder mit der fehlenden Entwicklung in bestimmten Tugenden.

Wenn du diese erste Frage gestellt hast, mache gedanklich ein Rollenspiel: dein Freund sagt etwas, du antwortest oder stellst eine neue Frage. Sprich über deine Stärken und deine Schwächen. Vielleicht magst du auch um Vorschläge bitten, wie du deine Stärken ausbauen könntest.

Beende euer Gespräch mit einem Gebet und bitte um die Gnade, die du brauchst, um bestimmte Tugenden in deinem Leben zu entwickeln.

Vielleicht hilft es dir, solch einen Dialog aufzuschreiben.

Gottes Wort

Die Liebe sei ohne Heuchelei. Verabscheut das Böse, haltet fest am Guten! Seid einander in brüderlicher Liebe zugetan, übertrefft euch in gegenseitiger Achtung! Lasst nicht nach in eurem Eifer, lasst euch vom Geist entflammen und dient dem Herrn! Freut euch in der Hoffnung, seid geduldig in der Bedrängnis, beharrlich im Gebet! Nehmt

Anteil an den Nöten der Heiligen; gewährt jederzeit Gastfreundschaft!

(Römer 12,9-13)

Schlussgebet

Jesus Christus, mein Retter, als du hier auf der Welt gelebt hast, hast du Barmherzigkeit und Unterstützung für andere mehr als jeder andere vorgelebt. Möge ich dazu beitragen, Gottes Plan zu verwirklichen, indem ich dich nachahme und dadurch Gott ehre und durch mein Beispiel andere zu seinem Dienst führe.

(Braakhuis, *Praying*, Nr. 7)

Neunte Meditation
Bescheidenheit

Thema

Vinzenz hat erkannt, dass all seine Erfolge, seine Talente und seine Taten allein durch Gottes Barmherzigkeit kamen. Wenn wir erkennen, dass wir allein von Gott abhängig sind, werden wir bescheiden.

Eröffnungsgebet

Barmherziger Gott, möge ich mich so sehen, wie du mich siehst, hilf mir, zu erkennen, dass alles, was ich bin, dein Geschenk an mich ist. Mach mich zu einem Menschen, der großzügig zurückgibt, was du mir gegeben hast – nämlich alles.

Aus dem Leben des Vinzenz von Paul

Manche seiner Zeitgenossen dachten, dass Vinzenz etwas seltsam sei, weil er immer geringschätzig über sich selber sprach. In Gesprächen machte er abwertende Bemerkungen über sich selbst. Seine Zuhörer wussten, dass er nicht nur versuchte, Aufmerksamkeit zu bekommen. Vinzenz hatte keinen Zweifel daran, dass das Gute, das er tat, alles aus Gottes Güte kam. Diese Überzeugung wirkte in ihm und in der Organisation, die er gegründet hat.

Einmal schickte ihm ein Missionar eine selbstverfasste Broschüre. Das Schriftstück listete unzählige Leistungen des vinzentinischen Instituts in Frankreich auf. Der Priester dachte sich, dass Vinzenz sich über diese Broschüre freuen und ihm freundlich antworten würde. Doch der Missionar hatte sich geirrt. Vinzenz hielt diese Broschüre ganz im Gegenteil für komplett unangebracht. Er schrieb dem Priester streng zurück:

> „Ich bin so verärgert über deine Broschüre, dass es mir schwer fällt, die richtigen Worte zu finden .... Es ist genau das Gegenteil von Bescheidenheit, wenn wir, wer wir sind und was wir tun, so herausposaunen... Wenn es etwas Gutes in uns und unserer Art zu leben gibt, dann kommt es von Gott. Und es liegt nur an Gott, wenn er möchte, dass das bekannt wird. ... Das ist nicht unsere Aufgabe. Wir sind Menschen, die von sich aus nichts Gutes tun können, Menschen, die es nicht wert sind, dass man an sie denkt.
>
> Deswegen habe ich mich geweigert, dass irgendetwas davon veröffentlicht wird, damit andere uns nicht vergöttern ..."
>
> (*Documents*, Band 6, S. 176-177)

Vinzenz befürchtete, dass der Erfolg ihn und seine Gemeinschaft langsam blind machen könnte für die Abhängigkeit von Gott.

Halte inne

Denke darüber nach: Gibt es Bereiche, in denen ich meine, selber der Ursprung des Guten, das ich tue, zu sein – mich auf Augenhöhe mit Gott zu bewegen?

Worte des Vinzenz

In vielen Briefen, die Vinzenz an seine Gemeinschaft schrieb, machte er seinen Standpunkt zum Thema Bescheidenheit deutlich:

> „Lasst uns aufhören zu sagen: ‚Ich bin es, der diese Arbeit geleistet hat.' Denn jede gute Tat sollte im Namen unseres Herrn Jesus Christus getan werden."
>
> (*Documents,* Band 7, S. 98-99)

> „Seid vorsichtig, euch etwas selber zuzuschreiben. Wenn ihr das tut, stehlt ihr von Gott und tut ihm unrecht. Gott allein ist der Ursprung von allem Guten."
>
> (*Documents,* Band 7, S. 289)

> „Gott schüttet seine unerschöpflichen Geschenke über die Bescheidenen, diejenigen, die erkennen, dass alles Gute, das sie tun, von Gott kommt."
>
> (*Documents,* Band 11, S. 56-57)

„Bescheidenheit ist die Tugend von Jesus Christus, die Tugend seiner heiligen Mutter, die Tugend der größten Heiligen, und schließlich ist es die Tugend der Missionare.“

(*Documents*, Band II, S. 56-57)

In einem gemeinsamen Gebet sprach Vinzenz:

„Bescheidener zu werden, bedeutet, die niedrigste Position einzunehmen, sich selber unter den geringsten Bruder, die geringste Schwester zu stellen ... So etwas stößt uns instinktiv ab. Aber wir müssen diese Abscheu überwinden. Wir müssen uns ganz besonders bemühen, diese Tugend in die Tat umzusetzen. Sonst wird sie niemals in uns wachsen.“

(*Documents*, Band II, S. 54-55)

Reflexion

Gott liebt den Menschen, der gerne gibt, aber er liebt auch jemanden, der dankbar annimmt. Das Herzstück von Bescheidenheit ist der tiefe Glaube, dass alles Gute von Gott kommt. Bescheidenheit erlaubt uns, alles als ein Geschenk zu sehen. Also freuen wir uns nicht an unseren Taten, sondern an Gottes Fülle.

So sang Maria im „Magnificat“ mit ihrem ganzen Wesen aus Dankbarkeit zu Gott. Sie kostet ihre Abhängigkeit von Gott aus. Ihre von ihr selbst verkündete Niedrigkeit hob ihren Wert keinesfalls auf. Stattdessen feierte sie die Tatsache, dass Gott sie liebte und segnete, so wie sie war – ein einfacher Mensch, der diese große Liebe nicht verdient hat. Bescheidenheit und Dankbarkeit gehören zusammen.

Vinzenz lernte Bescheidenheit von den armen Menschen, denen er diente. In ihrer eigenen Niedrigkeit haben viele Marias Dankbarkeit entdeckt. Anders als reiche Menschen erfuhren arme Menschen dringende Not. Sie wussten, was es bedeutet, ihr tägliches Brot zu bekommen. Manche wurden bitter, aber andere gaben Dank und Segen. Aus ihrer großen Not heraus wurden sie dankbar für Gottes Wunder, die oft übersehen werden: eine Scheibe Brot, sauberes Wasser, vielleicht ein Apfel. Die Dankbarkeit der armen Menschen war für Vinzenz eine ständige Erinnerung, dass selbst die einfachsten Geschenke immer noch Geschenke unseres liebenden Gottes sind.

- Schreibe eine Liste all deiner Leistungen auf, wie der Priester, von dem vorhin im Abschnitt „Aus dem Leben des Vinzenz von Paul“ die Rede war. Dann lies noch einmal Vinzenz’ Antwort an den Priester, als ob Vinzenz dir geschrieben hätte. Achte auf deine Gefühle, mache sie dir bewusst. Denke über sie nach.
- Schreibe dann neben jede Leistung deine Talente auf, deine Fähigkeiten oder andere Eigenschaften, die diese Leistung ermöglicht haben. Danke Gott, dass er dir die Fähigkeit gab, das zu tun, was du getan hast. Erlaube dir, über Gottes Geschenke erstaunt zu sein.

- Denke an eine Situation, in der du dein Leben als ein wunderbares Geschenk erlebt hast. Vielleicht war es, als dir ein besonderer Mensch sagte, dass er/sie dich liebt. Vielleicht war es eine gefährliche Situation, als du gedacht hast, „das hätte alles ganz anders kommen können." Stelle dir diesen heiligen Moment noch einmal vor. Lass deine Vorstellungskraft diese Szene innerlich lebendig werden, lade die Akteure ein, mitzuspielen, und sei selber dabei, wie du es warst. Erlaube deinen Gefühlen, sich zu zeigen. Sprich dann mit Gott über diesen ganz besonderen Moment, für den du dankbar bist.
- Gibt es eine Situation in deinem Leben, die du jetzt im Moment erniedrigend findest? Wie kann diese Situation ein Ruf Gottes für stetige Wandlung sein? Mit welcher inneren Haltung könntest du diese Situation anschauen, damit sie dich befreit und befähigt? Dann danke Gott dafür und für die Bereiche deines Lebens, die du erniedrigend findest.
- Stelle dir vor, du bist mit dabei im Haus von Zacharias, an dem Morgen, als Maria Elisabeth besucht. Du siehst, wie sich umarmen und anfangen zu sprechen. Marias Gesicht beginnt zu leuchten, als sie Elisabeths Worte hört. Höre ganz genau hin, was Maria sagt:

> Und Maria sprach: Meine Seele preist die Größe des Herrn, und mein Geist jubelt über

Gott, meinen Retter. Denn auf die Niedrigkeit seiner Magd hat er geschaut. Siehe, von nun an preisen mich selig alle Geschlechter. Denn der Mächtige hat Großes an mir getan und sein Name ist heilig.

(Lukas 1,46-49)

Bete dann in der Stille deines Herzens die gleichen Worte und denke an all die wunderbaren Dinge, die Gott für dich getan hat. Sage dabei mit Maria: Heilig ist dein Name.

- Lies den Abschnitt „Gottes Wort" langsam. Denke darüber nach, welch großer Segen es ist, dass Gott Mensch geworden ist wie du. Denke dann darüber nach, was dein Kreuz ist und sein wird – das Kreuz, das du aus Liebe trägst. Danke Gott für Bescheidenheit und für das Kreuz, das du aus Gehorsam für seine Liebeserklärung getragen hast.

Gottes Wort

Seid untereinander so gesinnt, wie es dem Leben in Christus Jesus entspricht: Er war Gott gleich, hielt aber nicht daran fest, Gott gleich zu sein, sondern er entäußerte sich und wurde wie ein Sklave und den Menschen gleich. Sein Leben war das eines Menschen; er erniedrigte sich und war gehorsam bis zum Tod, bis zum Tod am Kreuz. Darum hat ihn Gott über aller erhöht und ihm den Namen verliehen, der größer ist als alle Namen.

(Philipper 2,5-9)

Schlussgebet

Gesegnete Jungfrau Maria, in deinem Magnificat hast du gesagt, dass der Allmächtige Gott große Dinge für dich getan hat, wegen deiner Bescheidenheit, auf die er gnädig geschaut hat. Wahre Bescheidenheit geschieht aus Gehorsam zum Willen Gottes. Mein Herr und mein Retter, mit all der Zärtlichkeit meiner Liebe für dich bitte ich dich demütig um diese Tugend.

Heilige Jungfrau, hilf mir, diese Barmherzigkeit von deinem Sohn zu erhalten; ich hoffe, dass ich durch deine Fürbitte den echten Wunsch haben möge, immer Gottes Willen zu tun, so, wie du es immer getan hast.

(Braakhuis, *Praying,* Nr. 19)

Zehnte Meditation
Wahrhafte Einfachheit

Thema

Vinzenz glaubte, dass jemand, der das Evangelium wahrhaft verkünden wolle, sich der unverblümten Wahrheit stellen und sie aussprechen müsse.

Eröffnungsgebet

Jesus, in deinem Leben und Sterben hast du uns gezeigt, wie wir in Wahrheit und Einfachheit sprechen sollen. Gib mir die Gnade, mir selber gegenüber ehrlich zu sein. Lass deine Wahrheit so kräftig in mir wachsen, dass ich keinen Platz für einfache, verlockende Halbwahrheiten habe. Und hilf mir dann, offen, ehrlich und mutig dein Wort zu verkünden.

Aus dem Leben des Vinzenz von Paul

Als Vinzenz noch im Priesterseminar war, besuchte ihn sein Vater eines Tages unangekündigt. Da Vinzenz sich seiner einfachen Herkunft schämte, hatte er sie verschwiegen. Er hatte seinen Mitstudenden nicht erzählt, dass seine Eltern Bauern waren. Als dann also der Portier ankündigte, dass ein einfach gekleideter Mann an der Tür stand und behauptete, Vinzenz' Vater zu sein, stellte Vinzenz sich dumm. Er sagte dem Portier, dass es sich um eine Verwechslung handeln müsse und er den Mann wegschicken solle.

Halte inne

Denke über diese Frage nach : Wann habe ich Gottes Stärke in mir gefühlt, wenn ich eine bittere Wahrheit sprechen musste?

Worte des Vinzenz

„Jesus, unser Herr, erwartet von uns die Einfachheit einer Taube. Das bedeutet, dass wir klipp und klar über Dinge sprechen, wie wir sie ehrlich sehen und ohne unnötige Zurückhaltung. Es bedeutet auch, dass wir ohne Manipulation oder Doppelzüngigkeit handeln, unsere Absicht soll einzig und allein auf Gott gerichtet sein. Jeder von uns soll daher bemüht sein, sich in einer schlichten Geisteshaltung zu üben und sich daran zu erinnern, dass Gott sich gern um die Einfältigen kümmert, und dass er die Geheimnisse des Himmels den Weisen und Klugen dieser Welt vorenthält und sie den Kleinen offenbart."

(*Constitutions*, S. 109)

„Jeder fühlt sich zu Menschen hingezogen, die einfach und aufrichtig sind, Menschen, die sich weigern, durchtrieben und falsch zu sein. Sie sind beliebt, weil sie offen und ehrlich handeln und wahrhaftig sprechen; ihre Worte stimmen immer mit ihrem Herzen überein. Sie werden überall geachtet und geliebt."

(*Documents,* Band 12, S. 171)

Reflexion

Vinzenz schätzte die Einfachheit, von der Jesus gesprochen hatte, vor allem in Anbetracht des Druckes, der von komplizierten Machenschaften mit Politikern, Vermietern, Amtsrichtern, Botschaftern, Kirchenoberen, Philanthropen und Adligen seiner Zeit ausging. Vinzenz verabscheute politische Intrigen, Heuchelei und Durchtriebenheit.

Vinzenz war bemüht, Jesus, der einfach gesprochen hatte und dem die einfachen Menschen ganz besonders am Herzen lagen, nachzueifern. Geradeheraus zu sprechen und unprätentiös zu handeln zeugte klar und effektiv von Gottes Liebe. Das Volk Gottes sollte nie manipuliert werden.

- Suche dir ein oder zwei Zeilen aus dem Abschnitt „Worte des Vinzenz" aus und denke über sie nach. Wiederhole sie immer wieder, damit dir ihre Bedeutung klarer wird.
- Denke an eine Situation, als du es, um den Schein zu wahren, mit der Wahrheit nicht so genau genommen hast.
- An welche Gedanken und Ängste kannst du dich erinnern?
- Wie hast du dich nach der Verheimlichung der Wahrheit gefühlt?

- Warum hattest du das Gefühl, lügen zu müssen?
- Hat deine Unehrlichkeit wirklich etwas geklärt?
- Denke an Shakespeares bekannte Worte in Hamlet 1, 3: Dieses über alles: Sei zu dir selbst aufrichtig – und dem wird folgen wie die Nacht dem Tage, dass du zu einem Anderen nicht falsch sein kannst.
- Schreibe deine Gedanken zu diesen Fragen in deinem Tagebuch auf: Gibt es etwas in mir, über das ich nur schwer offen und ehrlich reden kann? In welchen Situationen verdrehe ich die Wahrheit gern ein bisschen? Liebe ich mich genug, um authentisch zu sein oder glaube ich, mich aus Scham oder Neid verstecken zu müssen? Bitte Gott um die Gnade, die du brauchst, um dir gegenüber ehrlich zu sein.
- Denke an jemanden, den du bewunderst, weil er/sie die Wahrheit leidenschaftlich gesagt und gelebt hat. Erinnere dich an Situationen, als dir die Aufrichtigkeit dieses Menschen aufgefallen ist. Wie hast du dich in der Gegenwart solcher Aufrichtigkeit gefühlt? Wenn du an diesen Menschen denkst, fällt dir eine ähnliche Geschichte von Jesus Aufrichtigkeit ein? Bete für diesen Menschen und bitte Gott, dir auch so eine Aufrichtigkeit zu schenken.
- Denke an eine Situation, als du die Wahrheit gesagt hast, obwohl du Angst hattest.

Wer war dabei, um was ging es, was hast du gesagt und was war das Ergebnis deiner Worte? Beschreibe die Situation und was du daraus gelernt hast schriftlich.

- Wenn du jemandem Halbwahrheiten erzählt oder ihn/sie manipuliert hast, versuche, das Licht der Wahrheit auf die Situation scheinen zu lassen. Frage dich, warum du gelogen oder manipuliert hast. Bitte Gott, dass er dir hilft, es wieder gut zu machen. Geh zu diesem Menschen und versuche, ehrlich mit ihm/ihr zu sein.
- Bete folgende Worte immer wieder: Jesus, Gottes Wahrheit unter uns, hilf mir in der Wahrheit zu leben.

Gottes Wort

Jesus sagte: Wenn ihr in meinem Wort bleibt, seid ihr wahrhaft meine Jünger. Dann werdet ihr die Wahrheit erkennen und die Wahrheit wird euch befreien.

(Johannes 8,31-32)

Schlussgebet

Jesus, Gottes Licht und Wahrheit, berühre mein Herz mit Leidenschaft für die Wahrheit – lass mich leidenschaftlich für die Wahrheit brennen. Lass meine Worte einfach sein. Lass meine Absicht rein sein. Befreie mich mit deiner rettenden Wahrheit.

Elfte Meditation
Abtötung

Thema

Der Dienst an Gottes Volk hat seinen Preis. Um Gottes Willen zu tun, müssen Christen ihre eigenen Vorurteile, Bequemlichkeiten und Lieblingsvorstellungen beiseite legen. Diese Art von Selbstdisziplin fordert Christen auf, sich selbst zu verleugnen, um Christus nachzufolgen. Vinzenz nannte diese Disziplin Abtötung.

Eröffnungsgebet

Jesus, du hast gebetet, gelebt und bist gestorben, damit Gottes Wille geschah. Du hast die Forderungen der Liebe und der Prophezeiung angenommen, um Gottes Herrschaft zu bringen. Hilf mir, die Dinge, die ich habe, nicht festzuhalten. Hilf mir, die Dinge loszulassen, die mich versklaven und mich daran hindern, deinen Willen zu tun. Hilf mir, alles loslassen, was zwischen mir und dem Dienst an deinem Volk steht.

Aus dem Leben des Vinzenz von Paul

Abtötung war für Vinzenz nicht nur bloße Theorie. Im Dienst lernte Vinzenz die Verpflichtung, Gottes Willen zu tun.

Als Vinzenz noch ein junger Mann war, wuchs seine Sehnsucht, armen Menschen zu dienen. Doch die Abneigung, die er in ihrer Gegenwart spürte, stimmte mit seiner Begeisterung nicht überein. Er fühlte sich einfach unwohl. Vinzenz musste sich disziplinieren, um seine guten Vorsätze nicht zu vergessen.

Im Jahr 1618 suchte der Bischof von Paris freiwillige Helfer, die sich um die Galeerensklaven in den Marinegefängnissen kümmern sollten. In diesen Gefängnissen herrschte Korruption, es stank fürchterlich, lebensbedrohende Krankheiten tobten – es waren die schlimmsten Gefängnisse der damaligen Zeit. Hier gefangen zu sein war einer langsamen Todesstrafe gleichzusetzen. Trotzdem meldete sich Vinzenz freiwillig, um diesen Gefangenen zu dienen.

Vinzenz schluckte seine Abscheu herunter und unterdrückte seine Angst. Er begab sich unter die Gefangenen, verarztete ihre Wunden, gab ihnen zu essen und erzählte ihnen von Gott. Viele Tage lang lebte er Barmherzigkeit und brachte den Gefangenen, die in einer lebendigen Hölle waren, das Licht.

Vinzenz erkannte, dass der Dienst an den Gefangenen, ja, der Dienst an allen armen Menschen, bedeutete, dass er sich von seiner Vorliebe für angenehme Düfte, leckere Mahlzeiten, saubere Wäsche, höfliche Konversation und sogar persönliche Sicherheit lösen müsse.

Eines der erstaunlichsten Komplimente, die Vinzenz jemals gemacht hat, war an eine junge Frau gerichtet, die dieses Loslassen praktizierte. Barbara Angibousst diente in den Gefängnissen und starb an einer ansteckenden Krankheit, die unter den Gefängnisinsassen wütete. Lange nach ihrem Tod nannte Vinzenz sie ein leuchtendes Beispiel von jemandem, der sich selbst verleugnet hat, um der Menschheit zu dienen. Er erzählte davon, wie Barbara Angiboust schwere Töpfe mit heißem Essen zu den fluchenden Gefangenen brachte. Manchmal fingen die Gefangenen an zu kämpfen, als Angiboust versuchte, sie zu füttern, und wenn sie sich um Schlichtung bemühte, vergoss sich das heiße Essen über ihre Hände. Sie sagte nichts, aber im Weggehen flüsterte sie Worte der Vergebung. Oft griff sie dazwischen, wenn die Gefängniswärter begannen, eben diese Gefangenen, die sie so schlecht behandelt hatten, zu schlagen.

Vinzenz wusste, dass Barbara Angiboust den Gefangenen dienen konnte, weil sie ihre eigenen Launen und Zwänge verleugnete. Zu ihren Mitschwestern, den Barmherzigen Schwestern sagte Vinzenz:

> „Stellt euch vor, da ist eine Schwester, die versucht ist, etwas für sich selber zu behalten. Sobald sie diesen selbstsüchtigen Impuls spürt, muss sie dagegen ankämpfen. Und wenn der Impuls versucht, sie in die Knie zu zwingen, muss sie ihm einen Rüffel geben und ihn zum Schweigen bringen."

(*Documents*, Band 10, S. 58)

Halte inne

Frage dich: Inwieweit hat mich die Liebe zu meinem Nachbarn herausgefordert, mich aus meiner Komfortzone herausgeholt, eine Veränderung in meinen Gewohnheiten verursacht?

Worte des Vinzenz

Als Vinzenz eine Gruppe von Missionaren, die in ganz Frankreich predigten, beriet, sagte er ihnen:

> „Wenn wir in die Mission gehen, wissen wir nicht, wo wir wohnen und was genau wir tun werden. Wir werden uns an Dinge gewöhnen müssen, die wir niemals erwartet haben, denn die Vorsehung durchkreuzt unsere Pläne oft. Ihr seht also, dass die Abtötung ein wichtiger Aspekt des Missionars sein muss, nicht nur im Umgang mit den Armen, sondern auch im Dienst mit denen, die auf Exerzitien sind, mit Priesterseminaristen, mit Verurteilten und Sklaven. Denn wenn wir uns nicht selber verleugnen, wie können wir all das aushalten?“
>
> (*Documents,* Band 12, S. 307-308)

Reflexion

Abtötung oder Selbstverleugnung wurde manchmal mit Selbsthass, Unterwerfung, Feindschaft zwischen Körper und Seele, Rechtfertigung durch Taten, Masochismus oder Abhängigkeit verwechselt. Das Konzept der Abtötung kämpft gegen eine negative Geschichte an. Doch sich selbst zu verleugnen ist ein Grundwert der christlichen Botschaft.

Vinzenz studierte das Lukasevangelium, das den Rahmen für die Nachfolge Jesu absteckt:

> „Wenn jemand zu mir kommt und nicht Vater und Mutter, Frau und Kinder, Brüder und Schwestern, ja sogar sein Leben gering achtet, dann kann er nicht mein Jünger sein. Wer nicht sein Kreuz trägt und hinter mir hergeht, der kann nicht mein Jünger sein."
>
> (Lukas 14,26-27)

Die Apostel mussten ihre alten Gewohnheiten des Denkens und des Tuns hinter sich lassen, um Jesus zu folgen, der sie zu einem neuen Selbstbild und zu einer neuen Mission einlud. Ohne Abtötung konnten die Apostel nicht frei sein und konnten nicht Heiler und Prediger der Frohen Botschaft werden.

Die Nachfolger Jesu müssen unter Umständen die Werte ihrer Eltern, geliebter Menschen, Arbeitgeber und ihrer Kultur hinter sich lassen. Friedensstifter haben keine gewalttätigen Antworten auf Konflikte. Gerecht zu handeln kann manchmal bedeuten, sich vehement gegen die allgemeine Meinung der Gesellschaft zu stellen. Kurz gesagt müssen Christen demütig sein, um so zu lieben, wie Jesus es tut.

Vinzenz glaubte, dass Abtötung eine bewusste Entscheidung sein musste. Durch Gottes Gnade konnten Menschen bereit sein, diese schweren Opfer zu bringen, die die Liebe abverlangt. Mit Gottes Hilfe können sie alles loslassen, was nicht Christus ist, sodass sie Jesus Christus anziehen können (s. Kolosser 3,9-15)

- Im Abschnitt „Worte des Vinzenz“, sagt er: „Wir wissen nicht, wo wir wohnen werden oder was genau wir tun werden. Wir werden uns an Dinge gewöhnen müssen, die wir niemals erwartet haben, denn die Vorsehung durchkreuzt unsere Pläne oft.“ Kannst du dich an Situationen erinnern, als deine Pläne durchkreuzt wurden oder als du dich an Dinge gewöhnen musstest, die du niemals erwartet hast. Wie hast du reagiert? Wie hast du dich dabei gefühlt? Denke dann über folgende Fragen nach:
- Erwarte ich, meist in Kontrolle zu sein?
- Was will Gott mir sagen, wenn meine Pläne durchkreuzt werden und ich mich mit dem Unerwarteten auseinandersetzen muss?
- Sprich offen und ehrlich mit Gott über deine Reaktion auf das Unerwartete oder dein Bedürfnis, in Kontrolle zu sein.
- Lies die Stelle aus dem Lukasevangelium, die im Abschnitt „Reflexionen“ zitiert wird, noch einmal. Schreibe die Dinge auf, an denen du zu sehr hängst, notiere deine Zwänge, Engstirnigkeiten, von denen du dich lösen musst, um Gott und deinem Nächsten frei dienen zu können.

- Mache einen „Plan des Loslassens“, der dir allmählich – Tag für Tag – helfen wird, dich von diesen Zwängen, Engstirnigkeiten und Gewohnheiten zu lösen. Da nur Gottes Gnade Freiheit bringt, bitte Gott um die Gnade, die du brauchst, um dich von diesen Dingen zu befreien, die dich davon abhalten, Gott und deinen Schwestern und Brüdern zu dienen.
- Schreibe deine „Kreuze“ auf – die Bereiche deines Lebens, die für dich schwierig sind, die dich verwirren oder dir Selbstaufopferung abverlangen.
- Welche dieser „Kreuze“ sind eine Last für dich, weil sie Teil der Liebe, Gerechtigkeit, Friedensstiftung sind? Bitte um Gottes Gnade, diese Kreuze zu tragen.
- Hast du dir manche dieser Kreuze selbst auferlegt, das heißt sind manche dieser Kreuze das Ergebnis von Genusssucht, Zwängen, Ignoranz oder Unachtsamkeit? Bitte Gott um seine Hilfe, diese Kreuze loszuwerden und dein Leben zu ändern, sodass du Raum hast für Liebe, Gerechtigkeit und Frieden.
- Lies die Geschichte von Jesu Todesangst im Garten Gethsemane (Markus 14,32-42) oder erinnere dich an sie. Du hörst das Schwirren der Insekten und das Rascheln des Windes. Höre genau zu, als Jesus spricht: „Abba Vater, du kannst alles tun. Bitte, nimm diesen Kelch von mir. Aber nicht mein Wille, sondern dein Wille

geschehe.“ Stell dir Jesu Gesichtsausdruck vor und die Wucht seiner Gefühle.
Bete mit ihm das gleiche Gebet. Bitte Gott darum, die „Kelche“ von dir zu nehmen, die du meinst, nicht trinken zu können, und überlass dich dann Gottes heiligem Willen.

- Denke an etwas in deinem Leben, das du vereinfachen könntest, um Geld oder Zeit für deine Nachbarn übrig zu haben. Handle danach. Vereinfache. Nimm das gesparte Geld und gib es Menschen, die es nötig haben. Nimm die gesparte Zeit und gib sie einsamen oder kranken Menschen, Gefangenen oder ans Haus gefesselten Menschen.

Gottes Wort

Darum tötet, was irdisch an euch ist: Unzucht, Unreinheit, Leidenschaft, böse Begierde und die Habsucht, die Götzendienst ist! All das zieht den Zorn Gottes nach sich. Einst war auch euer Lebenswandel von solchen Dingen bestimmt, ihr habt darin gelebt. Jetzt aber sollt auch ihr das alles ablegen: Zorn, Wut, Bosheit, Lästerung und schmutzige Rede, die aus eurem Munde kommt. Belügt einander nicht; denn ihr habt den alten Menschen mit seinen Taten abgelegt und habt den neuen Menschen angezogen, der nach dem Bild seines Schöpfers erneuert wird, um ihn zu erkennen. Da gibt es dann nicht mehr Griechen und Juden, Beschnittene und Unbeschnittene, Barbaren, Skythen, Sklaven, Freie, sondern Christus ist alles und in allen. Bekleidet euch also, als Erwählte Gottes, Heilige und Geliebte, mit innigem Erbarmen, Güte, Demut, Milde, Geduld! Ertragt einander und vergebt einander, wenn einer dem anderen etwas vorzuwerfen hat. Wie der Herr euch vergeben hat, so vergebt auch ihr! Vor allem bekleidet euch mit der Liebe, die das Band der Vollkommenheit ist!

(Kolosser 3,5-14)

Schlussgebet

O mein Retter, du weißt, welches Unheil einem Menschen durch maßloses Festhalten und Wünschen zustößt. In deiner Güte befreie mich davon und schenke mir die Tugend des Loslassens... Ich bitte durch das ganze Leiden, das du auf der Erde erlebt hast, durch die Güte deiner heiligen Mutter und durch die Fürbitte all derer, die durch ihre Tugend die große Freude des Himmels betreten haben.

(*Documents*, Band 10, S. 708)

Zwölfte Meditation
Eifer

Thema

Der Eifer für das Reich Gottes muss lodernd brennen, damit sein Wort sich verbreiten und Menschen verändern kann.

Eröffnungsgebet

Leidenschaftlicher Gott, entfache meine Leidenschaft für dein Wort. Gib, dass seine Dringlichkeit mich beunruhigen und seine Kraft in mir wirken möge. Hilf mir, mit Inbrunst von deiner Gegenwart zu sprechen und mit Liebe zu handeln.

Aus dem Leben des Vinzenz von Paul

Vinzenz warnte andere davor, sich vor lauter Übereifer, Gottes Wort zu verkünden, nicht zu übernehmen; doch er befolgte selber nicht immer seinen eigenen Ratschlag.

Als Vinzenz in seinem 69. Lebensjahr stand, brach in Frankreich ein Bürgerkrieg aus, der als „Fronde" bekannt wurde. Ganz Paris wurde zu einem bewaffneten Lager. Vinzenz war erschüttert vom vielen Leid und musste erleben, wie seine Vorräte immer weniger wurden, als er versuchte, den Kriegsopfern zu helfen.

Vinzenz wollte sich selber an der Schlichtung versuchen. In einer eiskalten Nacht im Januar verließ er mit einem Freund Paris zu Pferde und es gelang ihnen, durch die Belagerung der Armee durchzukommen. Ein paar Kilometer außerhalb der Stadttore von Paris erreichten die beiden Männer die zugefrorene Seine, sie konnten den Fluss überqueren und erreichten das Lager der Königin. Die Königin empfing Vinzenz und seinen Freund, doch sie lehnte seinen Gesuch, ihren Oberbefehlshaber, Kardinal Mazarin als einen ersten Schritt zum Frieden zu entlassen, ab.

Doch Vinzenz ließ sich nicht so leicht abwimmeln und suchte Mazarin persönlich auf und ersuchte den Kardinal, sein Amt niederzulegen. Der Kardinal bestrafte Vinzenz zwar nicht für seine Kühnheit, aber er entließ ihn aus der hochrangigen Position im Ministerrat für kirchliche Angelegenheiten und ließ verlauten, dass Vinzenz die Gunst des Hofes verloren habe.

Vinzenz erkannte, dass er mit der Königin und Mazarin nichts erreichen konnte, und so ritt er mit seinem Freund durch die von den Armeen verwüstete Landschaft wieder zurück. Beim Überqueren eines weiteren Flusses stolperte Vinzenz' Pferd, und sie fielen in den eiskalten Strom, Vinzenz war unter seinem Pferd gefangen. Sein Begleiter rettete ihn, und beide schlugen sich zu einem nahegelegenen Gasthof durch, wo sie sich trocknen und eine Woche lang ausruhen konnten. Selbst als er so geschwächt war, fing Vinzenz nach einem Tag bereits an, die anderen Gästen im Katechismus zu unterrichten.

Vinzenz, der für damalige Zeiten bereits recht alt war, reiste den ganzen Winter über quer durch den Westen Frankreichs, sammelte Hilfsgüter ein und betreute die von ihm gegründeten Wohltätigkeitsorganisationen.

Am Ende des Winters kehrte er völlig erschöpft nach Paris zurück, um sich auszuruhen. Doch Tausende von bettelarmen Flüchtlingen standen bereits vor seiner Tür Schlange. Den ganzen Frühling über arbeitete er in der Notunterkunft und der Lebensmittelausgabe, die vor seiner Haustür aufgebaut worden waren.

Bis zum Ende brannte der Eifer in Vinzenz. Im letzten Jahr seines Lebens vertraute er ein paar Besuchern an:

> „Trotz meines Alters (79) sage ich euch vor Gott, dass ich mich nicht von der Verantwortung, für die Rettung der Armen zu arbeiten, befreit fühle. Denn was könnte mich jetzt noch daran hindern? Wenn ich nicht mehr jeden Tag predigen kann, gut, dann predige ich nur noch zweimal in der Woche. Wenn ich nicht mehr ganz so wichtige Predigten halten kann, gut, dann halte ich weniger wichtige Predigten. Wenn die Gemeinde mich aus der Ferne nicht mehr verstehen kann, was kann mich davon abhalten, dann in kleinerer, familiärer Runde zu den Armen zu sprechen, so wie ich jetzt zu euch spreche? Was sollte mich daran hindern, sie bei mir zu versammeln, so wie ihr jetzt bei mir sitzt?“
>
> (*Documents*, Band 11, S. 136)

Halte inne

Frage dich: Brennt das Feuer für Gottes Herrschaft in mir?

Worte des Vinzenz

In einer seiner bemerkenswertesten Konferenzen sprach Vinzenz über Eifer:

> „Eifer ... besteht aus dem echten Wunsch, Gott zu gefallen und nützlich für andere zu sein; Eifer, um Gottes Reich aufzubauen, andere zu Gott zu führen. Gibt es auf der ganzen Welt etwas, das perfekter ist als das? Wenn Gottes Liebe Feuer ist, dann ist Eifer die Flamme; wenn Gottes Liebe eine Sonne ist, ist Eifer ihr Strahl. Eifer ist die reinste Form, Gott zu lieben."
>
> (*Documents,* Band 12, S. 307-308)

Reflexion

Vinzenz wusste aus Erfahrung, dass Leidenschaft auch schief gehen kann.

Er warnte oft vor „undiszipliniertem Enthusiasmus", einem falschen Eifer, der aus dem falschen Wunsch nach Anerkennung kommt oder aus Aggressivität (Constitutions, S. 157).

Im Gegensatz zu echtem Eifer sind Zwänge hart, selbstgerecht oder lähmen vor lauter Kreisen um mich selbst, um das, was ICH mache, anstatt was GOTT will.

Wahrer Eifer bewirkt, dass ein Mensch vor lauter Liebe zu Gott brennt und erkennt, dass alles von Gott kommt. Somit ist wahrer Eifer im Angesicht von Verachtung und Verfolgung bescheiden und mutig. Wahrer Eifer handelt barmherzig, nicht aus dem Wunsch heraus, zu manipulieren oder weil es gerade Mode ist, Gutes zu tun. Christlicher Eifer hat Jesu Eifer als Vorbild, um die Frohe Botschaft von Gottes Liebe zu verkünden und die Wunden der leidenden Menschen zu heilen.

Um die Richtung seiner Eifers zu erkennen, verließ Vinzenz sich auf die Einsicht seines Seelenführers und seiner Vertrauten, auf die Reaktionen der Menschen, denen er diente, und auf die Regeln seiner Gemeinschaft. Er wollte sicher sein, dass das Feuer seines Eifers aus der Liebe zu Gott und zu seinen Schwestern und Brüdern kam und nicht aus einem falschen Verständnis seiner eigenen Wichtigkeit. Das Feuer des christlichen Eifers wärmt und nährt; es zerstört niemals. Christlicher Eifer erschafft, gibt Energie und befähigt. Vinzenz hörte auf die, denen er vertraute, um sicher zu sein, dass sein Feuer aus der richtigen Quelle kam.

- Lies den Abschnitt „Worte des Vinzenz" in dieser Meditation erneut. Suche den Satz, der dich am meisten anspricht oder herausfordert. Denke über ihn nach. Sprich dann mit Jesus darüber, wie du leidenschaftlich sein könntest wie er.
- Was bringt das Feuer in dir zum Brennen? Wann erlebst du Eifer? Denke an Zeiten in deinem Leben, als du dich lebendig gefühlt hast,

voller Energie, als du Zuversicht ausstrahltest, dass das, was du anstrebst, gut und sinnvoll ist, als du dir gewünscht hast, dass dieses Gefühl ein Leben lang anhalten könnte.

- Ein wichtiges Zeichen von Eifer ist Treue. Das ist die Inbrunst zu lieben, zu dienen oder zu glauben – und zwar langfristig. Denke über Treue und Untreue in deinem Leben nach. Bringe sie in Dankbarkeit oder Sorge vor einen immerwährend treuen Gott. Bitte Gott um die Gnade, die du brauchst, um weiterhin treu zu sein und um Vergebung für die Untreuen.
- Setze dich hin, werde still. Entspanne dich. Schließe deine Augen. Lenke deine Aufmerksamkeit auf deinen Atem, spüre die Luft, die beim Einatmen deine Lungen füllt und dann beim Ausatmen wieder ausströmt. Wenn du entspannt bist, beginne beim Einatmen folgende Worte zu beten: „die Liebe Christi" und beim Ausatmen: „drängt uns". Dieser Vers aus 2 Korinther 5,14 ist das Motto, das Vinzenz seinen Töchtern der Barmherzigkeit gab.
- Diese Meditation kann dir vielleicht helfen, Gottes Feuer zu erfahren. Gottes Ruf an Moses, sein Volk aus der Gefangenschaft zu befreien, ist ein Ruf an alle, die Jesus Christus nachfolgen.

  Zuerst entspanne dich. Mach es dir bequem. Atme langsam. Strecke dich. Wenn du soweit bist, beginne mit der Reise von Moses auf den Berg Horeb.

Du gehst auf dem Weg nach oben ... Es ist eine lange Wanderung... Du kommst an eine Lichtung... Vor dir beginnt ein Busch gerade zu brennen.... doch er verbrennt nicht ... dann ruft Gott aus der Mitte der Flammen zweimal deinen Namen .... du antwortest: hier bin ich! .... dann sagt Gott zu dir: zieh deine Schuhe aus, denn der Boden, auf dem du stehst, ist heiliger Boden ... Rasch ziehst du deine Schuhe aus. Gott sagt: „Ich bin der Gott deiner Ahnen. Und ich habe die Not meines Volkes in der Welt, in deiner Stadt, in deiner Gegend gesehen. Ich habe ihr Weinen gehört. Und ich bin gekommen, um sie zu retten. Ich schicke dich, um mein Volk in die Freiheit zu führen, in die Wahrheit, in die Gerechtigkeit, in den Frieden ..."

Du antwortest: „Aber, mein Gott, was soll ich tun?" .... „Schau dich um, mein Freund, wer sind die Armen in deiner Mitte, wer sind die Kranken, die Einsamen, die Bedürftigen?" Du denkst über Gottes Worte an dich nach ... dann beantwortest du Gottes Frage ....

Und du sagst: „Aber, Gott, ich kann all diesen Menschen nicht helfen!" .... Gott antwortet: „Stimmt! Was kannst du tun?" ... Du denkst nach und antwortest, indem du ein paar Dinge aufzählst, die du tun kannst. Gott sagt dir: „Geh jetzt, ich werde dir auf deinem Weg helfen. Ich werde mit dir sein." ... Sofort verschwinden die

Flammen .... Du ruhst dich kurz aus und denkst über diese Begegnung mit Gott nach.

Wenn du soweit bist, kehre vom Berg zurück und öffne deine Augen.

Wenn du mit dieser geführten Meditation fertig bist, magst du vielleicht ein paar Gedanken in deinem Tagebuch aufschreiben.

Gottes Wort

> Daran haben wir die Liebe erkannt, dass er sein Leben für uns hingegeben hat. So müssen auch wir für die Brüder das Leben hingeben. Wenn jemand die Güter dieser Welt hat und sein Herz vor dem Bruder verschließt, den er in Not sieht, wie kann die Liebe Gottes in ihm bleiben?
>
> (Nach 1 Johannes 3,16-17)

Schlussgebet

Oh mein Gott, entfache meine Seele mit dem Wunsch, dir zu dienen! So lange du in dieser Welt gelebt hast, hast du nur an die Rettung aller Menschen gedacht. Lehre mich nach deinem Vorbild, schenke mir all die Tugenden eines echten Missionars, und hilf mir, mit der Inbrunst meines Eifers die Welt um mich herum mit deiner Liebe anzustecken. Ich will mich dir ganz schenken, meinen Körper und meine Seele, mein Herz, meinen Verstand und meinen Geist, um immer das zu tun, was dir gefällt.

(Braakhuis, *Praying*, Nr. 29)

Dreizehnte Meditation
Sanftmut und Entschlossenheit

Thema

Die Arbeit des Apostels verlangt eine Mischung aus Entschlossenheit und Sanftmut. Das richtige Verhältnis für die jeweilige Situation zu erkennen ist eine Kunst und ein Segen.

Eröffnungsgebet

Jesus, deine Herrschaft kommt durch beides, Sanftmut und Entschlossenheit. Hilf mir, zu verstehen, wann ich hinterfragen und wann ich nähren sollte, wann gerechter Zorn und wann Sanftmut geboten ist.

Aus dem Leben des Vinzenz von Paul

Einige Jahre lang hatte Vinzenz eine hohe Position im Ministerrat für kirchliche Angelegenheiten inne. Diese Gruppe musste sich oft um die immer heiklen Bischofsnominierungen kümmern.

Einmal bekam Vinzenz einen Brief von einem bekannten Prediger, dem Mitglied eines religiösen Ordens, der sich „in aller Bescheidenheit" selber für eine vakante Diözese nominiert hatte. Der Bruder argumentierte damit, dass die Anstrengung, sich an die Regeln seines Ordens zu halten, ihn aller Energie beraubte und dass seine beträchtlichen Talente im Episkopat besser zu gebrauchen wären. Vinzenz hatte die Wahl, streng zu sein oder den Bruder einfach zu ignorieren.

In seiner Antwort verknüpfte Vinzenz Bestimmtheit mit Sanftmut und einer guten Portion Humor. Nachdem er dem Priester sagte, dass er mit Sicherheit als Bischof Wunder vollbringen würde, erinnerte Vinzenz ihn mit milder Zurechtweisung daran, dass das angemessene Verfahren es verlangte, dass jemand anders sein bischöfliches Talent erkennen und ihn nominieren müsse. Vinzenz stellt sich dann auf die Seite des religiösen Ordens dieses Bruders und sagt, wie verheerend es für sie wäre, solch einen „wichtige Persönlichkeit“ wie ihn zu verlieren. Schließlich kehrte Vinzenz die Beschwerde über seinen Energiemangel um:

> „Glaube mir, du solltest deine anstrengende Arbeit des Predigens für eine Weile aussetzen und dich mehr um deine Gesundheit kümmern. Baue sie auf. Du hast Gott und deinem Orden immer noch sehr viel zu geben. Schließlich ist er einer der heiligsten und dynamischsten in der Kirche.“
>
> (*Documents,* Band 4, S. 19)

Die Botschaft war angekommen, der Schaden gering. Sowohl die Wahrheit als auch die Gefühle des Mannes wurden berücksichtigt.

Dieses Gefühl, Bestimmtheit in Sanftmut zu verpacken, erweist sich immer und immer wieder als hilfreich. Vinzenz erinnerte an seine Erfahrungen in Gefängnissen:

> „Immer, wenn ich mit den Gefangenen kurz angebunden war, habe ich alles verdorben. Aber wenn ich sie für ihre Hinnahme lobte und barmherzig mit ihnen war, wenn ich sie und ihre Sorgen verstand, wenn ich ihre Ketten küsste und zeigte, wie verärgert ich war, wenn sie bestraft wurden, dann hörten sie mir zu und wandten sich sogar an Gott." (Abelly, *Life*, S. 183)

Halte inne

Denke an eine Situation, in der du mit Sanftmut gehandelt hast, obwohl du verärgert hättest sein können. Wäre Christus in einer ähnlichen Situation auch sanftmütig gewesen?

Worte des Vinzenz

Vinzenz sagte, wie man ein wirksamer Apostel sein kann:

> „Ein Missionar braucht Geduld und Beherrschung für seinen Dienst an denen, zu denen er geschickt wird. Die Armen, deren Beichten wir abnehmen, können so ungeschliffen sein, so ignorant und ekelerregend.... Wenn jemand nicht

die Sanftmut besitzt, um mit ihrer Grobheit umzugehen, was kann er dann erreichen? Gar nichts. Ganz im Gegenteil, er wird diese Armen entmutigen. Wenn sie seine Heftigkeit spüren, werden sie abgeschreckt und werden nicht mehr zu ihm zurückkommen, um das zu lernen, was sie brauchen, um gerettet zu werden. Sanfte Geduld, das ist es, was von uns gefordert wird."

(*Documents*, Band 12, S. 305)

Ein anderes Mal betont Vinzenz das gleiche Thema:

„Niemand ist beständiger und standhafter im Tun guter Taten als die Sanftmütigen und Großzügigen. Umgekehrt sind diejenigen, die aus Entrüstung explodieren und sich von Wut überwältigen lassen eher unbeständig, weil sie nur ab und zu handeln. Sie sind wie ein Sturzbach, der nur stark und heftig ist, wenn er voller Wasser ist, aber gleich danach wieder austrocknet. Aber Flüsse, ein Symbol der Sanftmut und Großzügigkeit, fließen beständig, ruhig und unerschöpflich."

(*Documents*, Band 11, S. 65)

Reflexion

Die Evangelien erinnern Christen oft daran, sanftmütig zu sein. Sie sollen Konflikte friedfertig lösen, freundlich handeln, zuvorkommend sprechen – kurz gesagt: ihren Nächsten lieben wie sich selbst. Solche

Sanftmut kommt, wenn Christen erkennen, dass Gott sie trotz ihrer Sünden liebt. Sie wissen, dass „sie nichts von der Liebe Gottes trennen kann“ und können es sich leisten, Feindseligkeit, Widerspruch oder Gleichgültigkeit sanftmütig ins Auge zu schauen.

Christen brauchen auch Stärke. Jesus musste stark sein, um das zu tun und zu sagen, was er tat. Lieben, predigen und heilen erfordert Mut, Energie, Fähigkeiten und manchmal auch gerechten Ärger, die Art von Ärger, die Jesus an den Tag legte, als er die Geldverleiher aus dem Tempel jagte.

Das Gleichgewicht zwischen Sanftmut und Bestimmtheit wird in der Schule des Gebets und der Erfahrung gelehrt. Sanftmut ist nicht Passivität oder Rückgratlosigkeit.

Bestimmtheit ist nicht rücksichtslose Wut oder stoische Kälte. Die Entscheidung, wann man sanftmütig und wann bestimmt sein sollte, sollte die Antwort auf Einsicht aus dem Gebet sein. Wenn wir etwas tun, sollen wir aus unserer Erfahrung lernen, uns darüber Gedanken machen, ob unsere Sanftmut Feigheit oder Gleichgültigkeit war und ob unsere Bestimmtheit reine Verteidigung oder rohe Energie war.

Kurz gesagt, der Jünger muss sich seiner Leidenschaften bewusst sein und sie für das Gute einsetzen. Wir sind berufen, sanftmütig und stark zu sein.

- Schaue dir Situationen in deinem Leben an, in denen „sanfte Geduld von dir verlangt wird“. Wer oder was fordert deine geduldige Sanftmut heraus?

- Sprich mit Gott über deine Gefühle diesen Menschen und Situationen gegenüber. Frage Gott, wie du sanftmütig sein kannst, und bitte ihn um die Gnade, die du brauchst, um Gottes Liebe genug zu vertrauen, um auch in schwierigen Situationen lieben zu können. Wenn du merkst, dass du irritiert bist und angreifen möchtest, beruhige dich und bete Vinzenz' Worte: „Sanfte Geduld".
- Wen kennst du, der Mitgefühl und Bestimmtheit am besten vereint? Denke an eine bestimmte Person, die du für diese Ausgeglichenheit bewunderst. Was ist die Quelle dieser Ausgeglichenheit? Danke Gott für diesen Menschen und bitte ihn, dir zu helfen, auch sanftmütig und bestimmt zu werden.
- Explodierst du eher, wenn du wütend wirst oder schluckst du deine Wut herunter?
  Sprich mit Jesus darüber, wie du diese Energie zum Guten lenken könntest. Frage ihn, wie du dir der bedingungslosen Liebe Gottes so sicher sein könntest, dass das Explodieren oder Verschlucken deiner Wut in sanfte und bestimmte, aktive und barmherzige Liebe für deinen Nächsten verwandelt werden könnte.
- Wenn deine Wut die Würde eines Menschen verletzt hat, bitte Gott um Erbarmen und Licht. Und wenn möglich, versuche, dich mit diesem Menschen zu versöhnen.

- Wenn er sich Feindseligkeit und Widerstand gegenübersah, gab Jesus sie ab an seinen Vater, und ließ los. Denke über folgende Geschichten nach, in denen es um Jesus sanfte Bestimmtheit geht:
  - seinen Streit mit den Hohenpriestern (Lukas 20,1-8)
  - seine Gefangennahme im Garten (Johannes 18,1-11)
  - seine Salbung in Bethanien (Markus 14,3-9)
  - als er die Tische der Geldwechsler umstieß (Matthäus 21,12-13)
  - seine Herausforderung an Herodes (Lukas 13,31-35)
  - seine Konfrontation mit den Pharisäern und Schriftgelehrten (Lukas 11,37-53)

Gottes Wort

Nehmt mein Joch auf euch und lernt von mir; denn ich bin gütig und von Herzen demütig; und ihr werdet Ruhe finden für eure Seele.

(Matthäus 11,29)

Darum rufe ich dir ins Gedächtnis: Entfache die Gnade Gottes wieder, die dir durch die Auferlegung meiner Hände zuteilgeworden ist! Denn Gott hat uns nicht einen Geist der Verzagtheit gegeben, sondern den Geist der Kraft, der Liebe und der Besonnenheit. Schäme dich also nicht des Zeugnisses für unseren Herrn und auch nicht meiner, seines Gefangenen, sondern leide mit mir für das Evangelium! Gott gibt dazu die Kraft: Er hat uns gerettet, mit einem heiligen Ruf hat er uns gerufen, nicht aufgrund unserer Taten, sondern aus eigenem Entschluss und aus Gnade, die uns schon vor ewigen Zeiten in Christus Jesus geschenkt wurde.

(2 Timotheus 1,6-10)

Schlussgebet

Mein Gott, um dir zu gefallen, möchte ich aus ganzem Herzen respektvoll und sanftmütig mit meinen Nachbarn umgehen... Ich flehe dich an, mein Gott, im Namen Jesu, deines geliebten Sohnes, der die Sanftmut und Liebe in Person ist, hilf mir, dass ich durch deine Barmherzigkeit niemals mehr bewusst ohne Sanftmut handle.

(Braakhuis, *Praying*, Nr. 6)

Vierzehnte Meditation

Kreativität und Kooperation im Dienst

Thema

Um armen Menschen die Frohe Botschaft zu bringen benötigt man Einfallsreichtum. Die neue Art, wie Jesus die Apostel zusammenbrachte, war für Vinzenz ein Vorbild, wie man kreativ sein und die Menschen zusammenbringen konnte.

Eröffnungsgebet

Schöpfer, weite meine Vision und entfache das Feuer meiner Kreativität für den Dienst für dein Königreich. Führe mich zusammen mit anderen Christen, die dir auch dienen möchten. Führe uns friedvoll auf unserem Weg durch alle Spannungen und Belastungen unserer gemeinsamen Arbeit.

Aus dem Leben des Vinzenz von Paul

Vinzenz wollte seine ganze Energie für den direkten Dienst an den Armen einsetzen. Doch er wusste, dass er dazu verschiedene Arten von Menschen zusammenbringen, motivieren und mit ihnen in Austausch treten musste. Vinzenz hatte ständig neue Ideen, wenn es darum ging, die Talente williger Arbeiter zusammenzubringen. Seine Kreativität wurde sogar darin sichtbar, wie er das Potential möglicher Helfer erkannte. Er bediente sich der Hilfe, Fähigkeiten oder Talente von Prominenten, Politikern, Professoren, Gefangenen, Militäroffizieren, Hausfrauen, Bauern, Arbeitern, Händlern, Gemeindepfarrern und Nonnen. Ein Beispiel für seine kreative Rekrutierung war Margaret Naseau, eine junge Landarbeiterin. Vinzenz brachte sie zu einer Gruppe wohlhabender Aristokratinnen, die er in Paris zusammengeführt hatte, um wohltätige Arbeiten zu verrichten. Sie passte keineswegs in diese Gruppe. Es handelte sich um Menschen aus der gehobenen Schicht, Margaret war eine ungebildete Stallmagd.

Doch Margaret wollte die armen Menschen lehren, und so hatte sie sich das Lesen selber beigebracht, indem sie Vorübergehende fragte, wie die einzelnen Buchstaben heißen. Als sie davon hörte, dass Arme und Kranke in einer Pariser Gemeinde behandelt wurden, ging sie hin und bot sich an, mitzuhelfen. Im Gegensatz zu den reichen Damen verstand Margaret die Bedürfnisse und Situation der Armen und Kranken. Mit der Zeit wurde Margaret die Hauptstütze dieser Gemeinschaft und wegen ihr kamen immer mehr Landarbeiterinnen zum Dienst. In einer kalten Nacht nahm sie ein obdachloses Mädchen auf, und es stellte sich heraus, dass sie die Pest hatte. Margaret steckte sich an und starb kurz darauf. In seinen Reden sprach Vinzenz oft über Margarets Leben als Vorbild für den vollkommenen Dienst an den Armen.

Vinzenz' eigene Kreativität zeigt sich in seiner Wertschätzung von Margarets Fähigkeiten und noch mehr in seiner Einbindung von Luise von Marillac. Luise leitete eine Gemeinschaft, pflegte sie und machte aus ihr die Gemeinschaft, die weltweit als die Barmherzigen Schwestern bekannt ist.

Vinzenz war der erste, der „einfache Mädchen vom Land" (seine Worte) seelsorgerisch tätig sein ließ. Noch radikaler war die Vorstellung, dass Nonnen außerhalb des Klosters arbeiten könnten. Die Barmherzigen Schwestern in den städtischen Slums und Straßen arbeiten zu sehen, empörte manche Beobachter. Vinzenz verteidigte seine Neuerung jedoch hartnäckig. Wenn Gottes Arme und Kranke Hilfe brauchten, mussten kreative Maßnahmen angewandt werden. Er sagte dazu:

> „Da sie (die Barmherzigen Schwestern) diesen Orten mehr ausgesetzt sind als Nonnen, da sie normalerweise die Häuser der Kranken als ihr Kloster haben, ein gemietetes Zimmer als ihre Zelle, eine Pfarrkirche als ihre Kapelle, die Straßen der Stadt oder die Krankenhausflure als ihr Kloster, Gehorsam als ihre Anlage, Gottesfurcht als Gitter an ihren Festern, Bescheidenheit als ihren Schleier, Vertrauen auf die Führung als ihren Beruf ... müssen sie ein tugendhaftes Leben führen, als ob sie einem religiösen Orden angehörten. Deswegen müssen sie immer und überall ein gutes Beispiel an Reinheit des Herzens und des Körpers sein, des

> Lossagen von Besitztümern wie echte Nonnen in der Abgeschiedenheit eines Klosters."
>
> (*Documents*, Band 10, S. 661)

Vinzenz benutzte traditionelle Worte, um die Entwicklung der einzigartigen, kreativen Lebensweise der Barmherzigen Schwestern zu erklären. Mit dem Einfallsreichtum, der ihm zu eigen war, hatte Vinzenz eine weitere Gruppe von Menschen für seinen immer größer werdenden Kreis für den Dienst an Armen rekrutiert.

Halte inne

Frage dich: Habe ich im Dienst an anderen manchmal am Bequemen festgehalten, wenn neuere Wege hilfreicher gewesen wären?

Worte des Vinzenz

> Vinzenz ermutigte eine seiner Gemeinschaften, die Hindernisse für ihren Dienst zu überwinden, und sagte: „Die Liebe ist unendlich erfinderisch."
>
> (*Documents*, Band 11, S. 146)

Liebe muss auch die Zusammenarbeit im Dienst fördern. In einer Weisung an seine Priester erinnerte Vinzenz an die Motivation ihrer gemeinsamen Arbeit:

> „Christus, unser Retter, gründete eine Gemeinschaft aus Aposteln und Jüngern und gab ihnen

> Richtlinien zum guten Umgang miteinander... Unsere kleine Gemeinschaft möchte Christi Fußspuren und die seiner Jünger folgen ..."
> (*Constitutions*, S. 129)

Vinzenz erinnerte die Frauen einer seiner caritativen Organisationen, dass es die göttliche Vorsehung ist, die Christen aufruft, kreativ zu sein, wenn sie Gemeinschaften gründen:

> „800 Jahre lang haben Frauen keine öffentliche Rolle in der Kirche gehabt. Bei den ersten Christen gab es Diakonissen, die die Frauen der Gemeinde beaufsichtigten und sie in den damals verübten Zeremonien unterrichteten ... aber, durch eine unbekannte Fügung, hörte diese Gepflogenheit zur Zeit Karls des Großen auf und euer Geschlecht wurde all dieser Dienste beraubt. Heutzutage hat die Fügung euch gerufen, die wichtige Arbeit wieder aufzunehmen und euch um die armen leidenden Menschen in den Krankenhäusern zu kümmern. Ein paar wenige Frauen hörten diesen Ruf und bald kamen weitere dazu und sie gründeten eine Gemeinschaft. Gott gab sie den kranken Findelkindern in den Krankenhäusern als Mütter. In Paris verteilen sie Almosen ... Durch die Gnade Gottes haben die Frauen mit Wärme und Beständigkeit auf diese Not reagiert."
>
> (*Documents,* Band 10, S. 809-810)

Reflexion

Vinzenz' Vermächtnis ist eine Mischung aus Zielstrebigkeit und Offenheit. Sein Herz war auf Gott und seinen Nächsten gerichtet, und Vinzenz suchte nach immer neuen Methoden, diese Liebe aktiv und glaubhaft zu gestalten. Herangehensweisen, die anderen nicht auffielen, fielen ihm wegen ihres apostolischen Potentials ins Auge.

Vinzenz ließ seinen Blick auf den Dienst gerichtet und vermochte dabei mit bekannten Wegen in einer Haltung der Freiheit umgehen. Erst dachte er nach und dann verließ er nicht selten tradionelle Wege, wenn er Not sah oder ein gutes Werk tun wollte. Zum Beispiel war es seine innovative Idee, Gemeinschaften mit unterschiedlichen Menschen zusammenzubringen, reiche mit armen, die sich gemeinsam um Bettler in Notunterkünften kümmerten, Gefangene dazu motivierten, als Missionare anderen Gefangenen bzu helfen, Exerzitien für Priester zu veranstalten, Frauen zu organisieren, die in den Häusern der Menschen aushalfen und vieles mehr.

Gleichzeitig unterstützte Vinzenz auch immer die Zusammenarbeit der Menschen, die miteinander dienten. Jesus hatte die Apostel und Jünger zusammengeführt, sodass die Frohe Botschaft in die ganze Welt gebracht werden konnte. Vinzenz folgte dem Beispiel Jesu, indem er seine kreativen Fähigkeiten nutzte, um Zusammenarbeit und gegenseitige Unterstützung in der Missionsarbeit zu fördern und anzuleiten.

Auch, wenn er einflussreiche Personen verärgerte, der Dienst an den Armen hatte Vorrang. Vinzenz änderte bereitwillig seine Gewohnheiten, wenn sie seiner Mission im Weg standen und die Engstirnigkeit anderer Menschen herausforderten. Vinzenz blieb beständig in seinen Zielen, aber flexibel in seinen Mitteln. Christi Liebe war sein Anker und seine Freiheit, um das zu tun, was getan werden musste.

- Bete immer wieder Vinzenz' Worte: „Liebe ist erfinderisch.". Welche Bilder oder Gedanken kommen dir beim Beten?
- Wenn du soweit bist, erinnere dich an eine Situation, als du bei deinen Bemühungen, einen anderen Menschen zu lieben, nicht weitergekommen bist. Dann denke über diese Fragen nach:
  - Hat meine Liebe mir geholfen, Mittel und Wege zu suchen, die für mich nicht alltäglich sind?
  - Wie habe ich mich gefühlt?
  - Wenn ich keine anderen Wege gesucht habe, warum nicht?
  - Gibt es im Moment jemanden, den ich lieben möchte, der meine Versuche aber vereitelt?
  - Wie kann meine Liebe einfallsreicher werden?

  (Vielleicht möchtest du in einer Liste festhalten, wie du dieser Person begegnen könntest.)

- Danke Gott für deine Kreativität in der Vergangenheit und bitte ihn um die Gnade, die du jetzt brauchst, um in deiner Liebe kreativ zu sein.

Bei vielen Gelegenheiten handelte Jesus ganz anders, als die Menschen es von ihm erwartet hatten. Entspanne deinen Körper, atme langsam und tief ein und aus, und dann denke über die Geschichte nach, in der Jesus die Gelehrten und Pharisäer konfrontiert, die ihn kritisierten, weil er am Sabbat geheilt hatte:

> Es geschah an einem andern Sabbat, dass er in die Synagoge ging und lehrte. Dort war ein Mann, dessen rechte Hand verdorrt war. Die Schriftgelehrten und die Pharisäer aber gaben Acht, ob er am Sabbat heilen werde; sie suchten nämlich einen Grund zur Anklage gegen ihn. Er aber kannte ihre Gedanken und sagte zu dem Mann mit der verdorrten Hand: Steh auf und stell dich in die Mitte! Der Mann stand auf und stellte sich hin. Dann sagte Jesus zu ihnen: Ich frage euch: Ist es am Sabbat erlaubt, Gutes zu tun oder Böses, ein Leben zu retten oder zugrunde zu richten? Und er sah sie alle der Reihe nach an und sagte dann zu dem Mann: Streck deine Hand aus! Er tat es und seine Hand wurde wiederhergestellt. Sie aber in ihrem Unverstand berieten sich untereinander, was sie gegen Jesus unternehmen könnten.
>
> (Lukas 6,6-11)

Denke jetzt über folgende Fragen nach:

- Welche Gefühle spürst du beim Lesen dieser Geschichte?
- War Jesus zu streng mit den Schriftgelehrten und Pharisäern? Wenn ja, warum?
- Hast du dich jemals von Tradition, Gruppenzwang oder Gepflogenheiten in deiner Art, zu lieben oder Gutes zu tun, beeinflussen lassen?
- Sprich mit Jesus über deine Einstellung zu sozialen Maßstäben, Gewohnheiten und Gesetzen, wenn sie im Widerspruch zur Liebe stehen.

Zusammenarbeit im Dienst kann voll kleiner und großer Schwierigkeiten sein. Schreibe in deinem Tagebuch ein Gespräch mit Jesus über eine bestimmte Situation auf, die dir im Moment am meisten Sorgen macht. Bitte Jesus, dir Wege zu zeigen, wie du bessere Zusammenarbeit schaffen oder die Spannung wenigstens auflösen kannst. Bitte um die Gnade, die du brauchst, um in dieser Situation wie Christus zu sein.

- Gibt es in deiner Familie, in deiner Gemeinde oder Nachbarschaft eine Notsituation, die Aufmerksamkeit verlangt? Kannst du Menschen zusammenbringen, um das Problem zu lösen? Bitte um die Hilfe, die du von Gott brauchst, um etwas tun zu können.

Gottes Wort

Vor allem bekleidet euch mit der Liebe, die das Band der Vollkommenheit ist! Und der Friede Christi triumphiere in euren Herzen. Dazu seid ihr berufen als Glieder des einen Leibes. Seid dankbar! Das Wort Christi wohne mit seinem ganzen Reichtum bei euch. In aller Weisheit belehrt und ermahnt einander! Singt Gott Psalmen, Hymnen und geistliche Lieder in Dankbarkeit in euren Herzen! Alles, was ihr in Wort oder Werk tut, geschehe im Namen Jesu, des Herrn. Dankt Gott, dem Vater, durch ihn!

(Kolosser 3,14-17)

Schlussgebet

Oh mein Gott, möge es dir gefallen, das Band zu sein, das die Herzen der Missionare zusammenbindet in einer gemeinsamen Haltung der Bescheidenheit, der Einheit, und des gegenseitigen Respekts... Lass die Folgen ihrer gegenseitigen Zuneigung, die du unter ihnen entwickelt hast, immerfort wachsen und gedeihen, und lass die Früchte ihrer Arbeit für die Rettung der Seelen stetig wachsen. Stärke sie in ihren Bemühungen und sei du ihre letzte Belohnung.

(Braakhuis, *Praying,* Nr. 28)

Fünfzehnte Meditation
Kontemplation und Aktion

Thema

Damit unser Dienst auch in schwierigen Zeiten im Einklang mit Gottes Willen geschieht, muss er auf Gebet und Kontemplation gegründet sein. Vinzenz ist Vorbild für das nötige Gleichgewicht zwischen Kontemplation und Aktion.

Eröffnungsgebet

Guter Gott, du hältst alles zusammen. Lass mein Gebet der Anker meiner Tat sein, und lass meine Tat mein Gebet nähren. Hilf mir, dich in allem zu suchen.

Aus dem Leben des Vinzenz von Paul

Bei einer Sonntagspredigt wies Vinzenz seine ländliche Kirchengemeinde auf eine alleinerziehende Mutter hin, die samt ihrer Kinder krank war und zu verhungern drohte. Am gleichen Nachmittag strömten Gemeindemitglieder in das Haus der Familie und brachten Medizin und Essen. Als Vinzenz sie später in der Woche besuchte, war das Haus voll mit ungewaschener Wäsche und verfaultem Essen. Die Hilfe war zwar echt gewesen, aber nur eine Notlösung. Nachdem Vinzenz darüber nachgedacht und gebetet hat, baute er ein System auf, um längerfristige Hilfe zu gewährleisten. Er schrieb sogar eine Anleitung, wie man eine „kirchliche Hilfsorganisation“ aufbauen könnte. Viele Bezirke nahmen diese Damen der Caritas und nannten ihre Gemeinschaften „Barmherzige Gemeinschaft“. Die gemeindlichen Hilfeleistungen für die arme Frau und ihre Kinder waren zwar gut gemeint gewesen, aber weil sie ohne Plan getätigt wurden, fehlten Langfristigkeit und praktischer Nutzen.

Vinzenz dachte über diese Situation nach, und seine Pläne konnten von seinen Meditationen und Gebeten profitieren. Das Gebet lag der Aktion nicht nur zugrunde, sondern mit der Zeit verstand Vinzenz immer mehr, dass Begegnungen mit armen Menschen Begegnungen mit Jesus Christus waren. Er sprach über das Ergänzungsprinzip, in dem wir Gott im Gebet suchen und ihn in barmherziger Tat finden. Vinzenz drückte diese Ergänzung eindringlich in seinen Gesprächen mit den Barmherzigen Schwestern aus.

Gedrängt von Aufgaben, die nicht warten konnten, kämpften viele Barmherzige Schwestern um das Gleichgewicht von Gebet und Arbeit gegen die Zeit.

Vinzenz sagte ihnen:

> „Wenn ihr morgens während eurer Gebetszeit einem Patienten Medikamente bringen müsst, tut es friedlich … Überlasst euch dem Willen Gottes, bringt eure Tat vor ihn, verbindet eure Aufgabe mit dem Gebet zu Hause und verrichtet eure Aufgabe mit einem reinen Gewissen.

Wenn ihr zurück kommt und Zeit für ein Gebet habt, schön und gut. Aber wenn nicht, dann dürft ihr euch keine Sorgen machen, weil ihr die Regeln nicht eingehalten habt. Es ist nichts verloren, wenn ihr einen guten Grund habt. Und, meine lieben Töchter, wenn es jemals einen guten Grund gab, so war es der Dienst an den Armen. Gott für Gott zu verlassen, d.h. ein Werk für Gott zu tun und ein anderes nicht zu tun, heißt nicht, Gott zu verlassen. Zum Beispiel verlasst ihr eine Gebetszeit oder verstößt gegen die Regel der Stille, um einem armen Menschen zu helfen. Die Wahrheit, meine Töchter, ist, dass in diesem Fall Hilfe zu leisten bedeutet, sich an die Regeln zu halten. Welch großer Trost ist es für eine Barmherzige Schwester, wenn sie sagen kann: „Ich werde meinen kranken Armen helfen, aber Gott wird diese Tat anstatt meines Gebets, das ich jetzt beten sollte, bekommen." Dann geht sie und verrichtet glücklich das, wozu Gott sie ruft."

(*Documents,* Band 9, S. 319)

Halte inne

Denke über deine eigene Erfahrung mit Gebet und Tat nach. Haben sie sich gegenseitig bestärkt?

Worte des Vinzenz

Vinzenz zeigt auf eine privilegierte Quelle der Kontemplation:

> „Wir müssen unsere Taten heilig machen. Wir tun das, indem wir Gott in unseren Taten suchen. Wir verrichten unsere Arbeit, um Gott zu finden, nicht um sie einfach hinter uns zu bringen.“
>
> (*Documents*, Band 12, S. 132)

In der Regel, die Vinzenz für die Barmherzigen Schwestern entwarf, betonte er, dass Jesus das Vorbild für Gebet und Tat sein sollte:

> „(Jesus ist) das perfekte Vorbild ... (Die Barmherzigen Schwestern) sollen bemüht sein, ein heiliges Leben zu führen und mit großer Mühe auf Vollkommenheit hinzuarbeiten, indem sie die Übung eines spirituellen Lebens mit den äußeren Pflichten christlicher Nächstenliebe für die Armen verbinden, im Einklang mit den jetzigen Regeln und mit großer Treue bemüht, dieses Ziel zu erreichen....“
>
> (Ignatius Melito, St. Vincent's Legacy, Vincentian Heritage 2 (1981): 5)

Ein bekannter Ausspruch von Vinzenz lautet:

> „Gib mir einen Mann des Gebetes und er wird alles vollbringen können. Er kann mit dem Apostel

sagen: ‚Ich kann alles tun durch ihn, der mir Kraft gibt.'"

(*Documents*, Band 11, S. 83)

Reflexion

Wenn Vinzenz über Taten spricht, meint er das Streben nach dem Reich Gottes. Dieses Streben ist die überströmende Gnade, eine freiwillige Antwort auf den Aufruf der Evangelien, unseren Nächsten zu lieben. Diese Tat steht im genauen Gegensatz zur Aktivität nur um der Aktivität willen, die zwar wie Eifer aussieht, aber so zwanghaft oder ohne Wurzeln ist, dass sie unter der heißen Sonne der apostolischen Anforderungen verwelkt.

Dementsprechend sind Gebet und Kontemplation offen für alles, was Gott in der Welt tut; sie sind lange, liebende, verwundbare Blicke auf Gottes vielfältige Gegenwart in der Schöpfung. Andererseits können Menschen zwar meinen, dass sie beten, aber wenn Gebet von der größeren Welt abgeschnitten ist, wird es zu einer Karikatur seiner selbst.

Gebet, das nicht in Gottes Gegenwart der Erfahrung gegründet ist, kann eine Form ohne Inhalt sein.

Gebet, Kontemplation und Aktion bedingen sich gegenseitig. Wenn Gott unsere Taten lenkt und segnet, werden diese Taten zum Gebet und zu einer Quelle der Kontemplation. Wenn unser Gebet und unsere Kontemplation wahrhaftig die Realität von Gottes Gegenwart in Freud und Leid, Gefahren und

Feierlichkeiten in der Welt betrachten, werden sie zu Liebe in Tat.

- Bete folgende Worte von Vinzenz langsam und meditiere sie: „Gib dich Gottes Willen hin, gib ihm deine Taten.“ Sprich dann mit Gott über Momente, in denen du das Gefühl hattest, dass du Gottes Willen getan hast und dass Gott mit dir gearbeitet hat.
  Um dich an Gottes Gegenwart in deiner Arbeit zu erinnern – sei es, wenn du die Wäsche wäschst, einen Auspuff reparierst, eine Spritze verabreichst, die Buchhaltung erledigst – sprich Vinzenz’ Gebet im Laufe des Tages. Halte ganz bewusst „was du gerade tust“ Gott hin.
- Oft wird das Leben hektisch und voller Aktionismus. Denk an einen Tag, als du dich abgelenkt gefühlt hast. Wie war deine Interaktion mit Menschen? Wenn du zurückschaust, wie viel Gutes hast du wirklich durch all diese Aktivität geschafft? Wäre Manches davon vermeidbar gewesen oder hätte besser laufen können? Bitte Gott im Gebet um die Gnade, die du brauchst, um andere besser zu verstehen und mit vorsichtiger Aufmerksamkeit zu handeln.
- Vinzenz gab den Barmherzigen Schwestern einen Leitfaden für die Praxis: „Gott für Gott lassen; das heißt, eine Tat Gott zu überlassen, um eine andere Tat mit noch mehr Eifer zu tun, bedeutet nicht, Gott zu verlassen.“ Wie kannst du diese Weisheit in dein tägliches Leben einbringen?

- Manchmal ist es erstrebenswert und nötig, einfach nur in Gottes Gegenwart zu ruhen, andere Male ist es auch nötig, unsere Erfahrung zum Gegenstand unseres Gebetes zu machen. Traditionell wurden vier Arten des Gebetes beschrieben: *lectio, meditatio, oratio* und *contemplatio*. Denke im Gebet jetzt an ein bestimmtes Erlebnis (einen Streit, eine Entscheidung, eine Begegnung, eine Vollbringung, eine Leistung) und benutze jede Methode um zu beten:
- *Lectio:* Reflektiere Bibelstellen, die diese Erfahrung ansprechen. Lies mit einem offenen Herzen. Vielleicht magst du deine Reflexionen in deinem Tagebuch festhalten?
- *Meditatio:* Sprich mit Jesus über diese Erfahrung. Denke daran, dass du in einem Gespräch manchmal geduldig auf die Antwort des anderen warten musst. Vielleicht magst du das auch in dein Tagebuch schreiben?
- *Oratio:* sprich Gebete des Lobes, des Dankes, der Bitte und der Reue in Bezug auf diese Situation.
- *Contemplatio:* Halte diese Erfahrung Gott hin. Sitze dann ruhig in Gottes Gegenwart und höre aufmerksam, was Gott dir vielleicht sagen möchte.
- Ist dein Gebet zu eng, zu klein? Sind deine Sorgen fast immer sehr persönlich oder sehr allgemein? Schließt dein Gebet die Gerechtigkeit, den Frieden, den Hunger der Welt ein, die gro-

ßen Probleme, wie auch die Bitte um Heilung, den Dank für Gaben und so weiter? Wie kannst du deinen Glauben an die Wirkung des Gebets stärken?

Gottes Wort

Und das ist sein Gebot: Wir sollen an den Namen seines Sohnes Jesus Christus glauben und einander lieben gemäß dem Gebot, das er uns gegeben hat. Wer seine Gebote hält, bleibt in Gott und Gott in ihm. Und daran erkennen wir, dass er in uns bleibt: an dem Geist, den er uns gegeben hat.

(1 Johannes 3,23-24)

Schlussgebet

Dies ist mein Gebet an dich, oh Herr! Schenke mir deine besondere Gnade. Schütte deine Wahrheit und dein Erbarmen in Fülle über mir aus, damit ich deine Liebe in Tat umsetzen kann, mit wahrer Liebe für dich, meinen Nächsten und auch für mich.

(*Documents,* Band 10, S. 474-475)